KLONDIKE IN FARBE

GRAHAM WILSON

Klondike in Farbe

Copyright © 2014 Graham Wilson

ISBN: 978-1-927691-09-0

Einfärbung der Fotografie: Hrach Drambyan.

Textbearbeitung: Amelia Gilliland.

Übersetzt von: Kitti M. Regos.

Titelfoto: Porträt von "Klondike Kate"
Rockwell, ein Entertainer, die populär in Dawson City war.

Kein Teil dieses Buches darf reproduziert, in einem Abrufsystem gespeichert oder in irgendeiner Form übertragen, mit allen Mitteln, ohne die vorherige Genehmigung des Herausgebers, mit Ausnahme von einem Gutachter, der kurze Passagen in einer Bewertung zitieren kann, werden.

FRIDAY 501

Box 31599, Whitehorse, Yukon, Canada, Y1A 6L2
www.friday501.com, info@friday501.com

Wenn das kleine Dampfschiff, *Excelsior* in San Francisco im Juli 1897 angedockt ist, schaute die Welt. An Bord dieses Schiff waren Millionäre, die mittellosen Männer nur wenige Monate zuvor waren. Ein paar Tage später hat der Dampfer Portland in Seattle mit achtundsechzig Bergleuten und fast eine Tonne Gold angelegt. Die Nachricht von der Entdeckung ergriff Schlagzeilen und war in aller Munde. Über Nacht hat das Wort "Klondike" eine mythische Bedeutung bekommen.

Innerhalb weniger Tage strömten Tausende von San Francisco nach Vancouver in Städten der Westküste, um eine Fahrt nach Norden zu buchen. Die Tatsache, dass Klondike mehr als 1500 Meilen entfernt und über einen steilen Bergpass war, konnte die Menschen nicht davon abhalten. Goldfieber ergriff die Nation, und jeder wollte die Chance, ihr Glück auf dem neuen Grenzgebiet versuchen. Da die wohlhabenden Veteranen des Klondike Runden von Getränke in den Bars von San Francisco und Seattle gekauften, planten Tausende ihrer Fahrt zu den Goldfeldern. Der Rausch begann. Ein Goldrausch, wie kein anderer.

Die Glücksritter reisten der Küste entlang bis nach Alaska in überfüllten und oft altersschwache Schiffe. Sie verbrachten die Winter auf dem eisigen und gefährlichen Chilkoot Pass, bauten klapprigen Booten und navigierten die Seen und Stromschnellen des Yukon Flusssystems. Einige glückliche Menschen bekamen reich. Die meisten Glücksritter verließen Yukon brach, hatten aber eine Lebensdauer von Geschichten zu erzählen.

Der Prozess, diese Fotos zu färben, benötigte viele Aufmerksamkeit. Der erste Schritt war, die Unzulänglichkeiten, wie Staub und Kratzer zu entfernen und Kontrast und klangliche Tiefe hinzuzufügen. Als nächstes wurden realistische Farben sorgfältig mit modernen digitalen Techniken aufgenommen. Das Ziel war es, das Integrität des originellen Fotos zu erhalten und eine Ästhetik, die thematisch korrekt ist, zu schaffen. Das Ergebnis ist eine Kollektion, die sich merkwürdig modern fühlt und aussieht. Die Glücksritter ertrugen unvorstellbare Strapazen und nahmen große Risiken. Einige wurden von der Strecke getötet und andere wurden von den Strapazen der Tortur traumatisiert. Diese Bilder sind mit dem größten Respekt hergestellt.

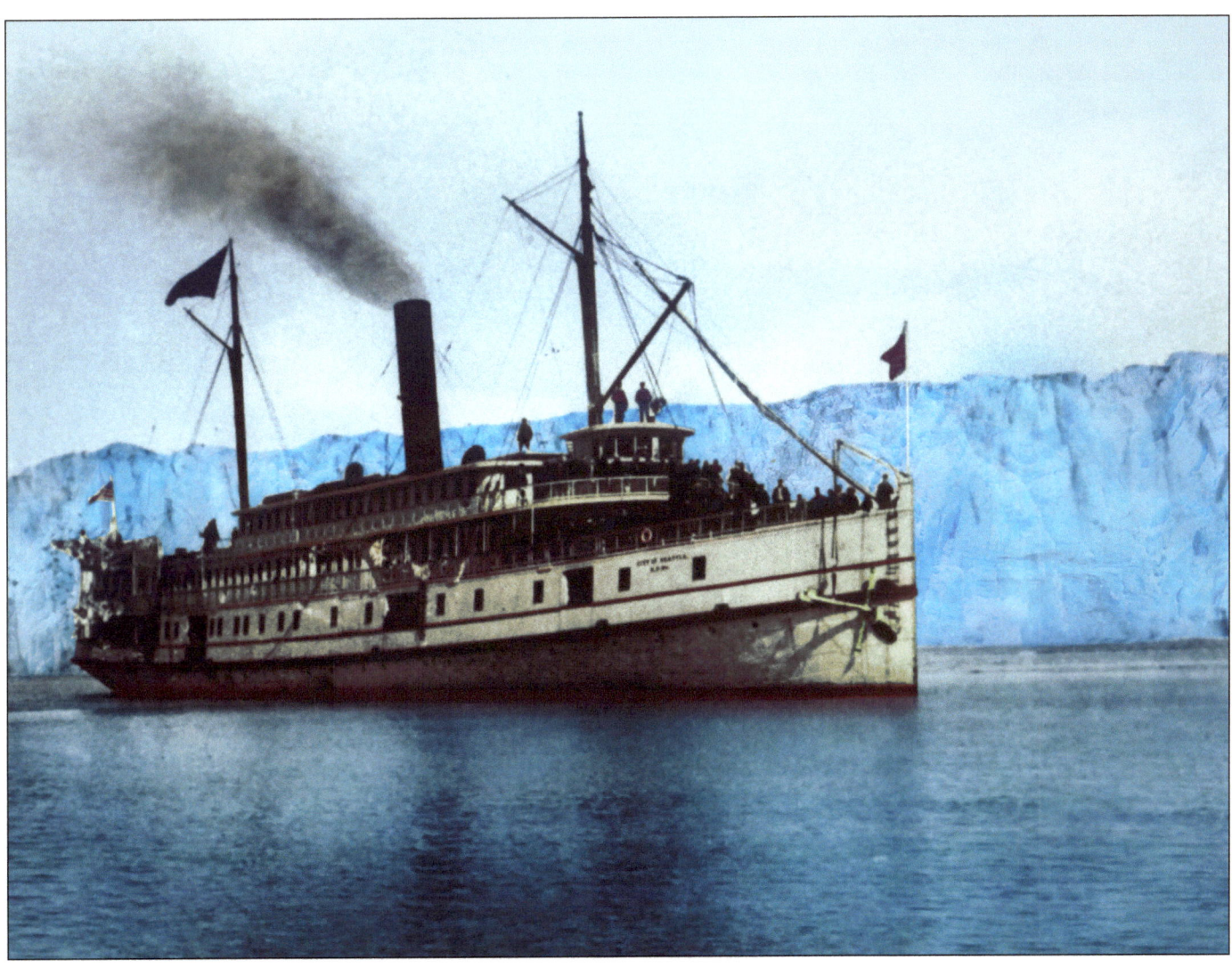

Oben: Dampfschiffe mit Zehntausenden Glücksritter nach Alaska. Die Stadt Seattle, in Glacier Bay, Alaska, mit Muir-Gletscher im Hintergrund. Selbst die klapprigen und abgenutzte Dampfschiffe wurden gezwungen, eifrige Passagiere zu bringen. Viele dieser Schiffe wurden schlecht bereitgestellt und überfüllt.

Seiten 6 und 7: Glücksritter inmitten der Bergen von Lieferungen landeten in der Nähe des Mund des Flusses von Taiya, in der Nähe von Dyea, Alaska. Schiffe am Dyea verankert und die Sachen der Bergleute werden an den Strand geliefert. Sobald die Bergleute den Strand erreichten, mussten sie mit dem Flut kampfen und ihren Nchschub so fern vom Meer wie möglich bringen. Aus Angst vor Hunger erlaubte die kanadischen Regierung die Einreise nur für Glücksritter, die eine Tonne von Versorgung hatten. Es wurde geglaubt, dass eine Tonne Lebensmittel einen Mann für ein Jahr in der Klondike ernähren könnte.

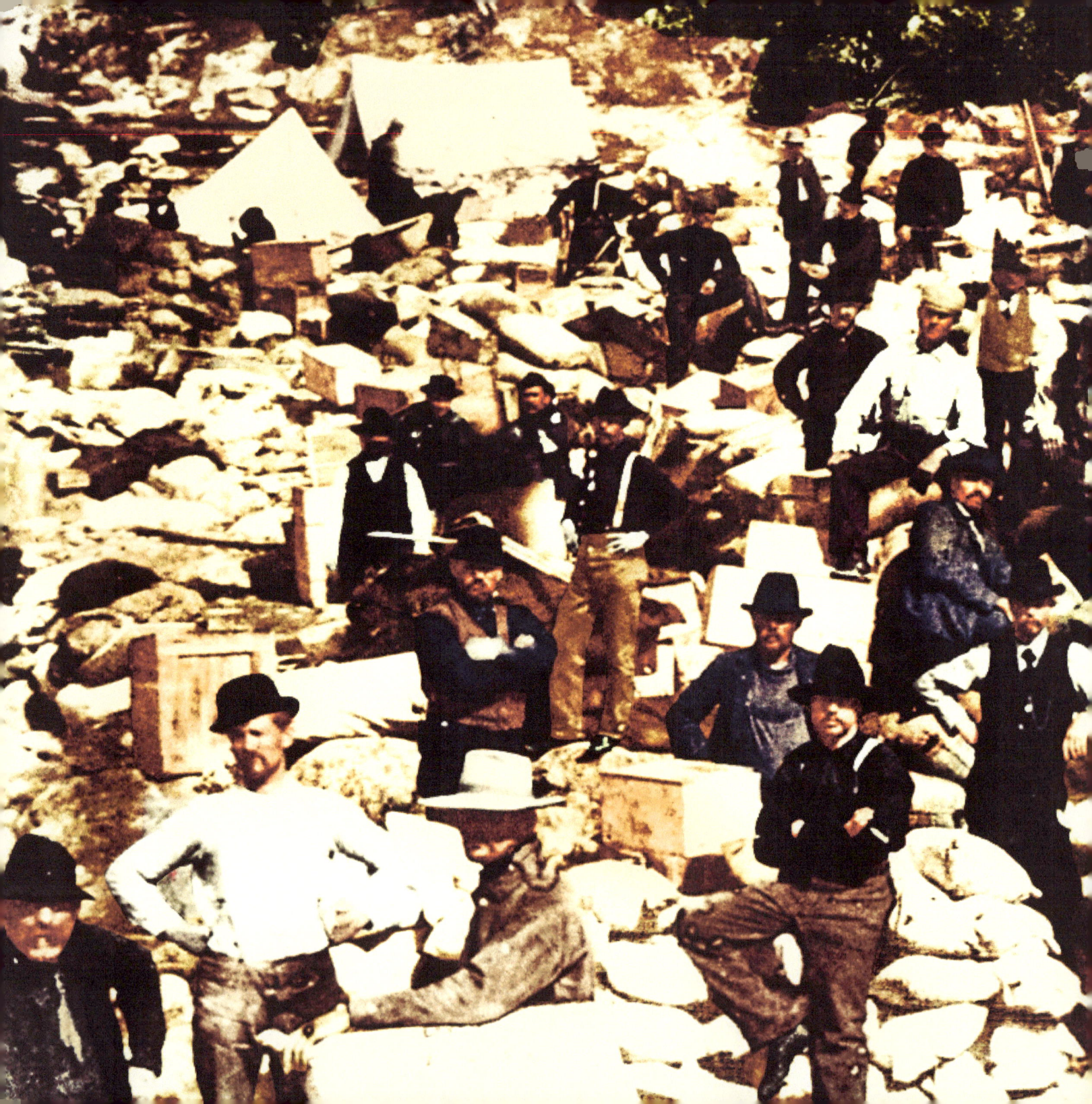

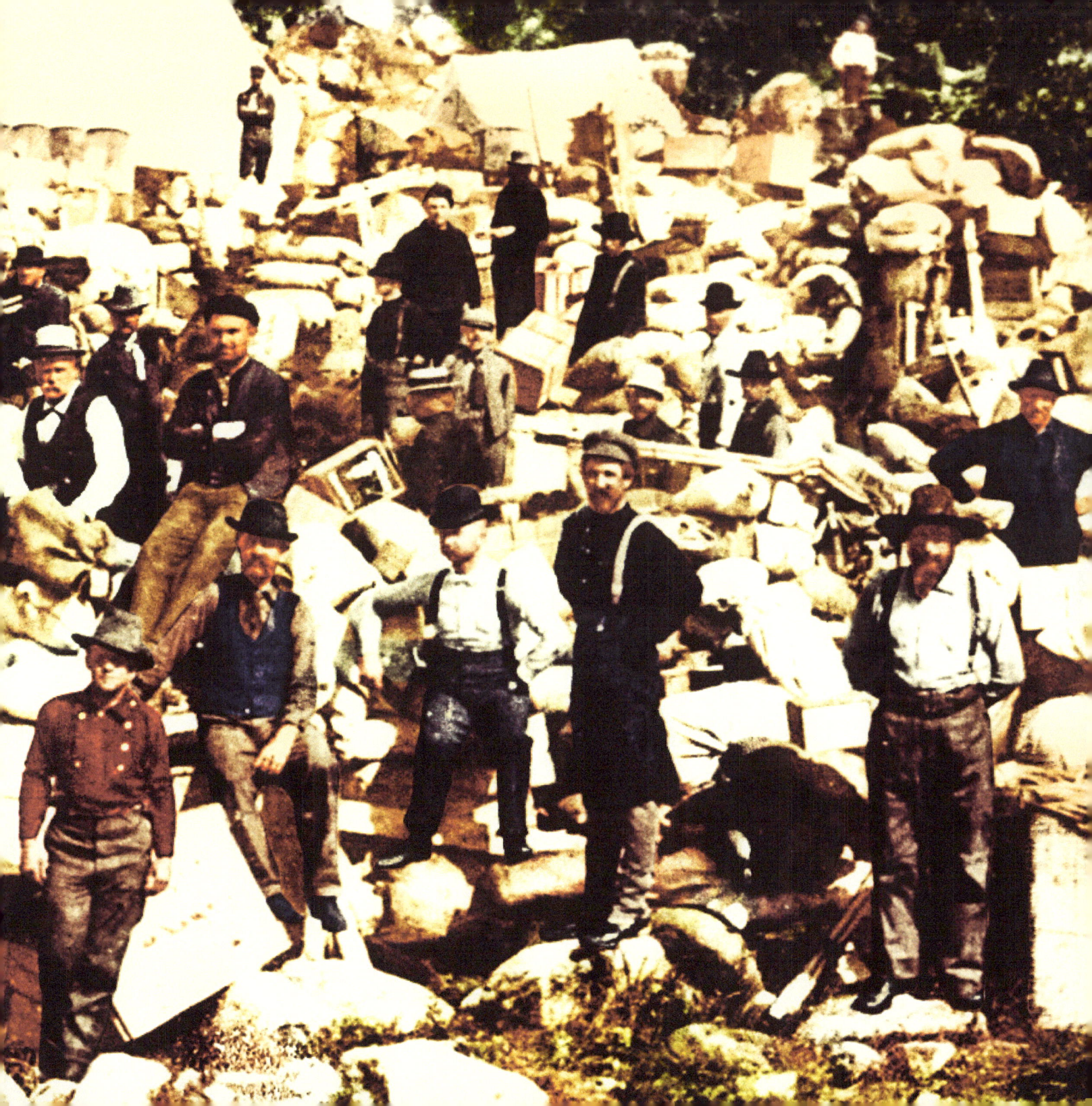

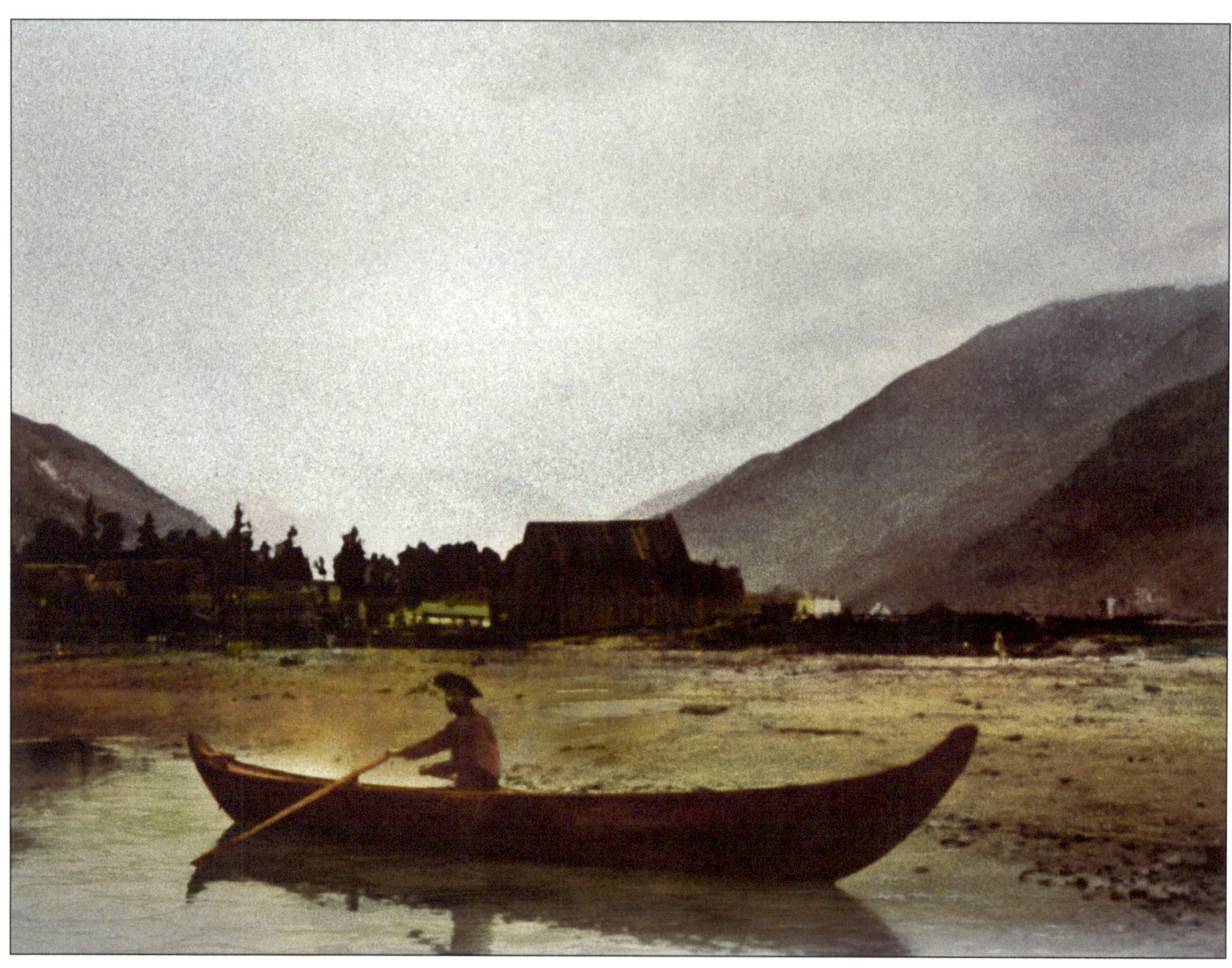

Oben: Teilansicht von Dyea mit einem Chilkat indianischen Kanu auf dem Fluss Taiya im Vordergrund. An der Spitze gab es 150 Unternehmen in Dyea, einschließlich 48 Hotels. Kein einziges Gebäude steht auf diesem Bild noch heute. Der Chilkoot Pass wurde als Korridor zum Innere der Indianern seit Jahrtausenden verwendet.

Gegenüber: "Chilkoot Jack," ein Chilkat Indian Chief, hat über den Chilkoot Pass viele in den Yukon geführt. Er ist hier in seinem zeremoniellen Kleid abgebildet. Trotz das Gold von einer eingeborenen Mann, Skookum Jim entdeckt wurde, profitierte relativ wenige Ureinwohner von dem Goldrausch. Die Krankheiten, Umweltschäden und sozialen Auswirkungen des Goldrausches, führte zu viel Leid in der indischen Gemeinde.

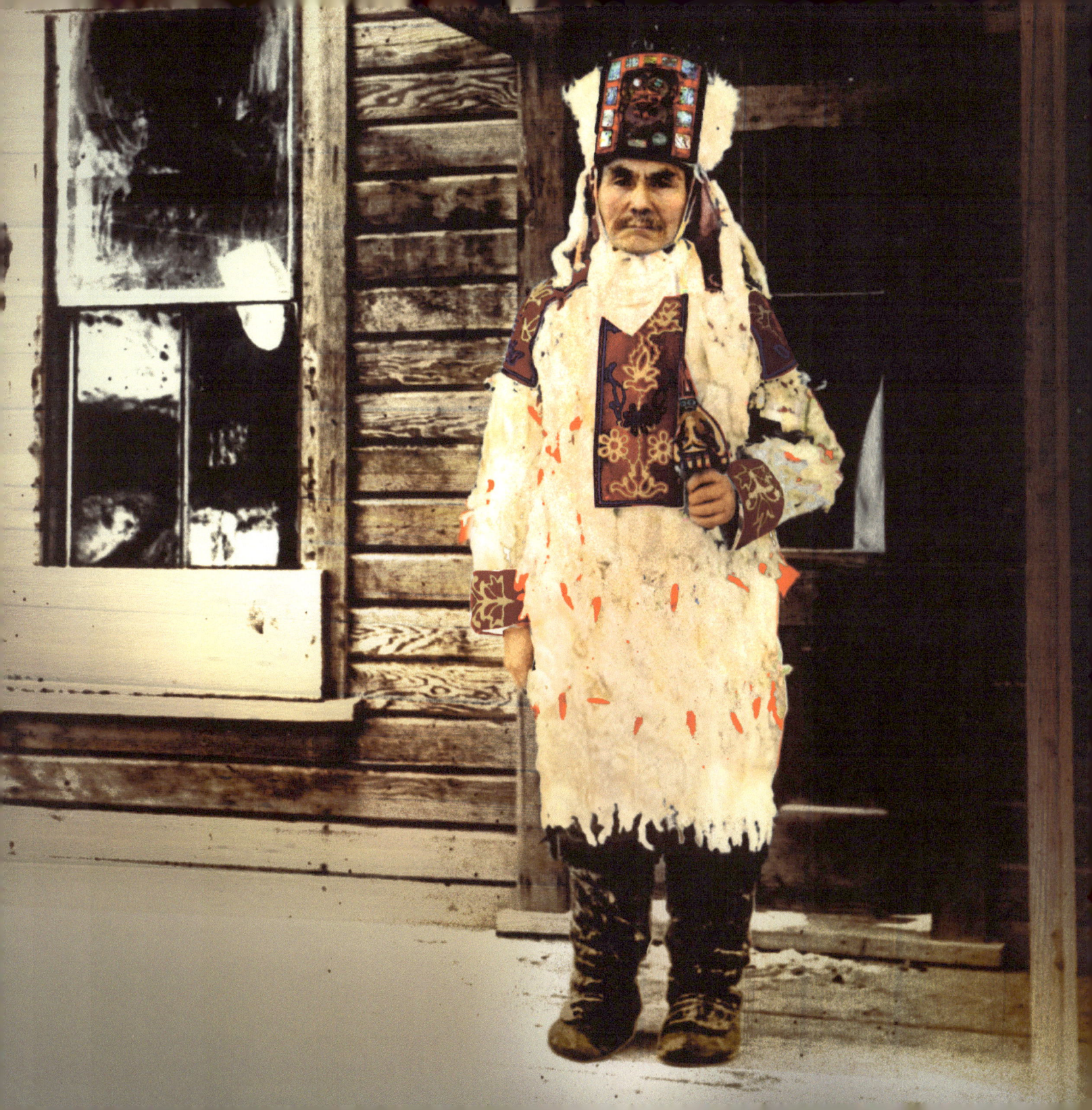

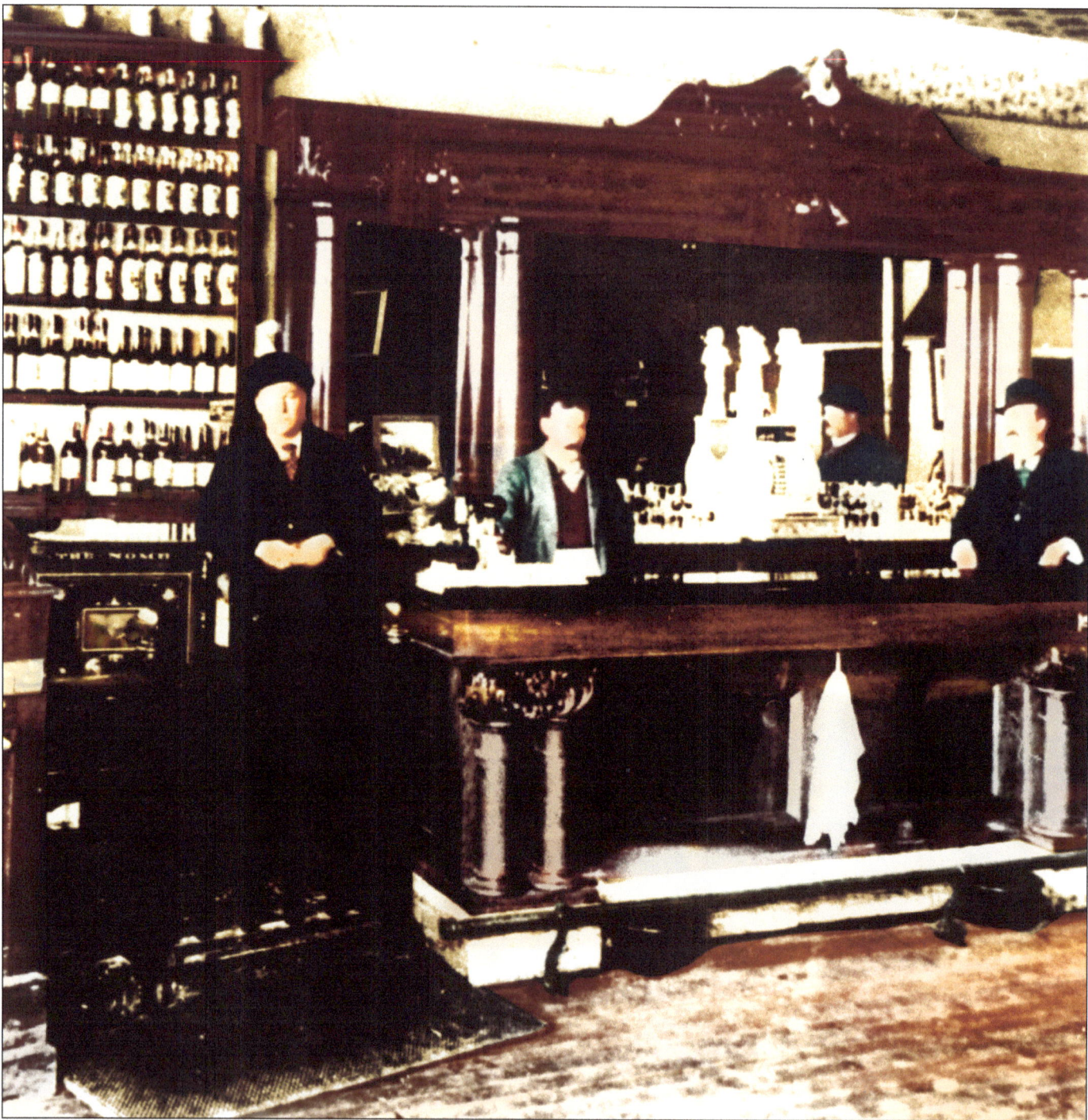

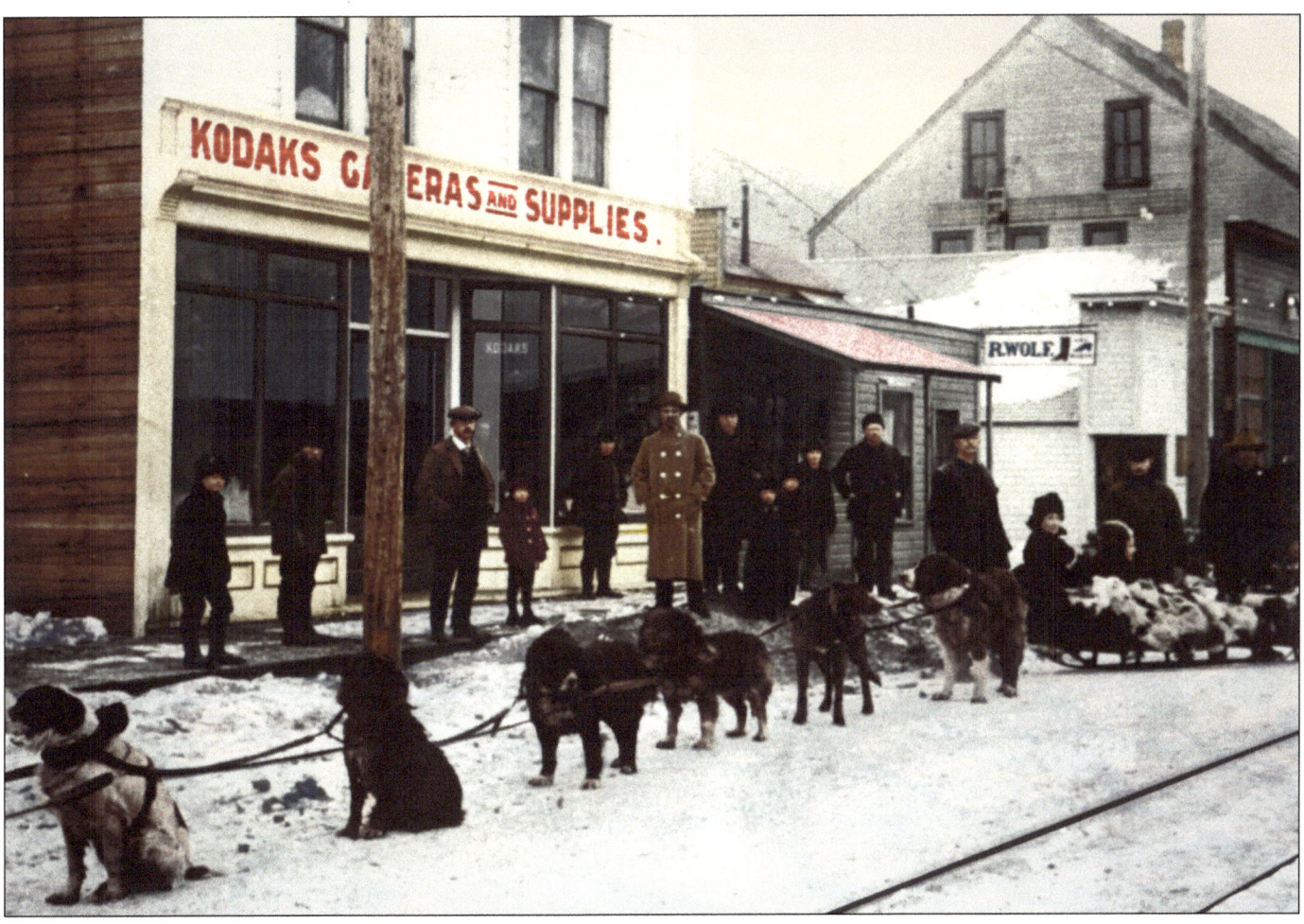

Oben: Hundeteam vor Case & Draper Fotografie-Geschäft in Skagway. Schlittenhunde waren eine zuverlässige Art der Transportierung im Norden.

In den ersten paar Jahren des Goldrausches war Skagway eine Art der Grenzstadt, wie wir in den westlichen Filmen sehen können. Es hatte notdürftige Gebäude mit falschen Fronten, Spielhallen, Saloon, Tanzhallen und Banditen.

Gegenüber: Nome Saloon in Skagway. Die Städte von Skagway und Dyea entwickelte sich fast sofort von den Wattflächen des Lynn Canal. Skagway war der Beginn der White Pass Pfad und Dyea war der Beginn der Chilkoot Pfad. Sie waren die beliebtesten Routen zu den Goldfeldern Klondike. Für viele Glücksritter war dies der erste Blick auf den Leidensweg vor sich. Einige haben die Fahrt nach Hause gebucht, damit sie ihre Verluste begrenzen konnten.

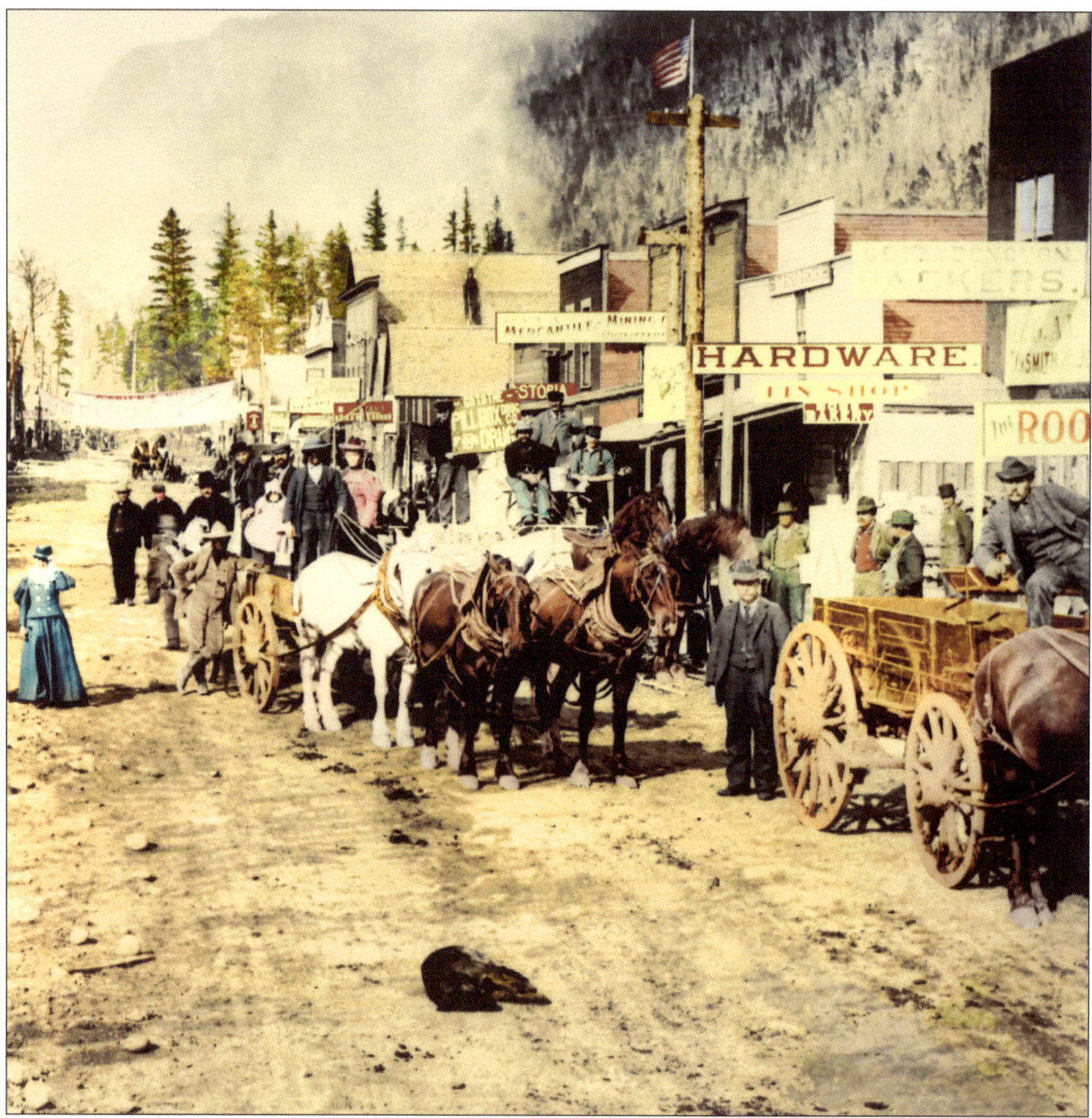

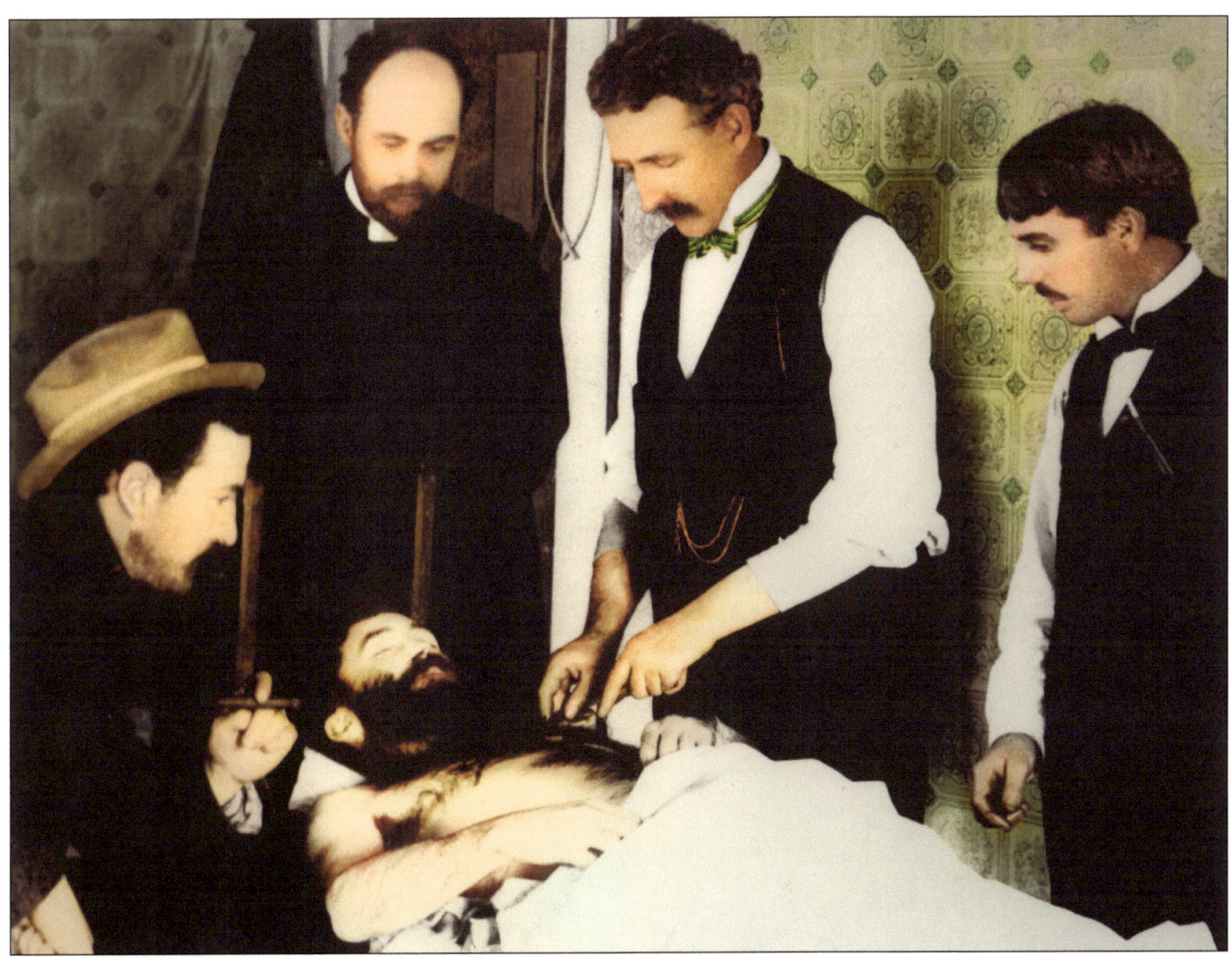

Oben: Notorische Gangster Jefferson "Soapy" Smith bei seiner Autopsie. Die Banditen von Soapy, Bande waren erfahrene Diebe und Betrüger, und viele von denen waren Veteranen aus anderen Goldrausch. Skagway war eine Oase für Verbrecher und die Bande von Soapy haben von Glücksritter gestohlen. Am 8. Juli 1898 entschied eine Bürgerwehr, dass sie das Reich von Soapy beenden werden. Danach gab es eine Schießerei, und Soapy starb. Kurze Zeit später starb seinen Angreifer, Frank Reid. Bei der Beerdigung von Soapy rezitiert der Minister von der Sprüche:"Der Weg der Missetäter ist hart."

Gegenüber: Menschenmenge auf der Main Street, Skagway, warten auf den Post. Bis zum Frühjahr 1898 hatte Skagway eine Bevölkerung von 10.000 und war die größte Stadt in Alaska. Mehr als tausend Glücksritter verging jede Woche durch die Stadt auf dem Weg zum Yukon.

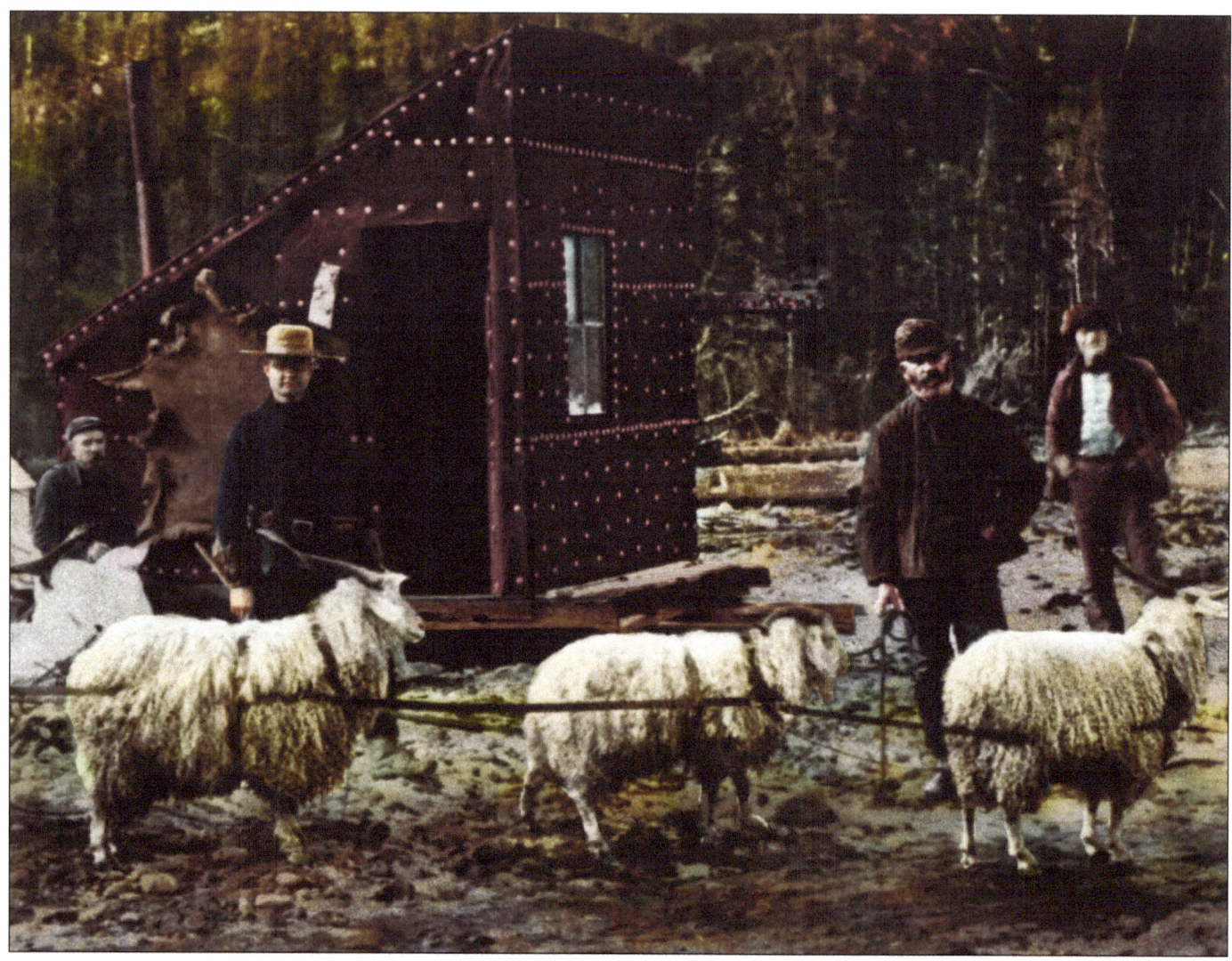

Oben: Ein Schlitten von Lieferungen auf dem Weg zum Klondike wird von einem Team von Ziegen gezogen.

Gegenüber: Ein Ochse mit Lieferungen geladen. Fast alles, was einen Schlitten ziehen oder eine Packung tragen kann, wurde geworben. Der White Pass Pfad war steil und hatte zahlreiche Waschbecken-Löcher, wo Pferde und andere Lasttiere leicht ihre Knöchel brechen könnten. Wegen Goldfieber haben Glücksritter ihre halbverhungerten Pferde in der schrecklichsten Art und Weise missgebraucht. Deswegen wurde der White Pass auch als der „Weg der gestorbenen Pferde,,bekannt. Es wird so geschätzt, dass mehr als 3.000 Pferde während des ersten Jahres des Goldrausches gestorben sein könnten.

Der Chilkoot Weg war der bevorzugte. Der Chilkoot gewann seine Erhebung mehr graduell und durchquerte ein breiteres Tal. Allerdings war der Chilkoot immer noch ein großes Hindernis, das viele Glücksritter nach Hause sendete.

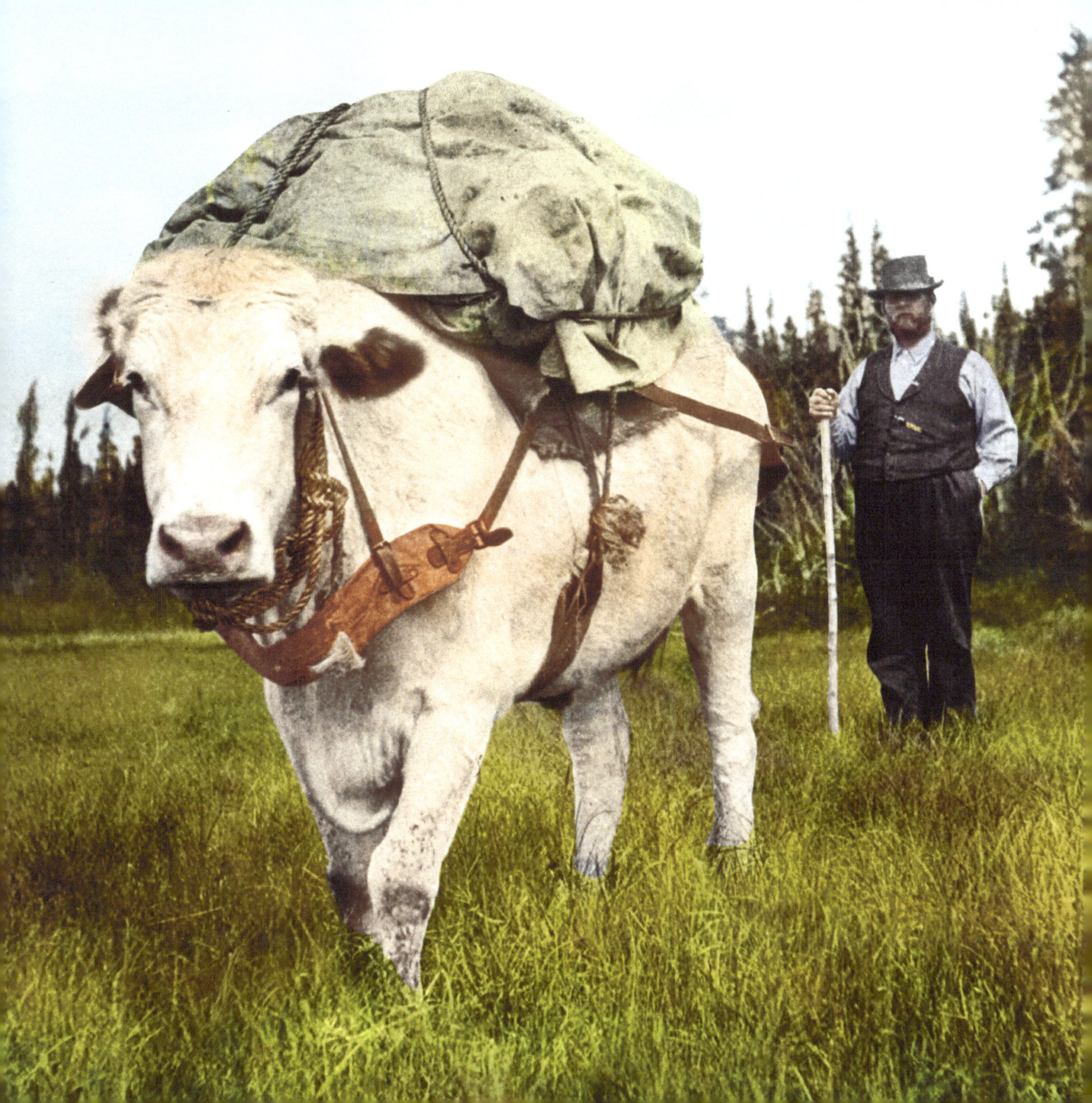

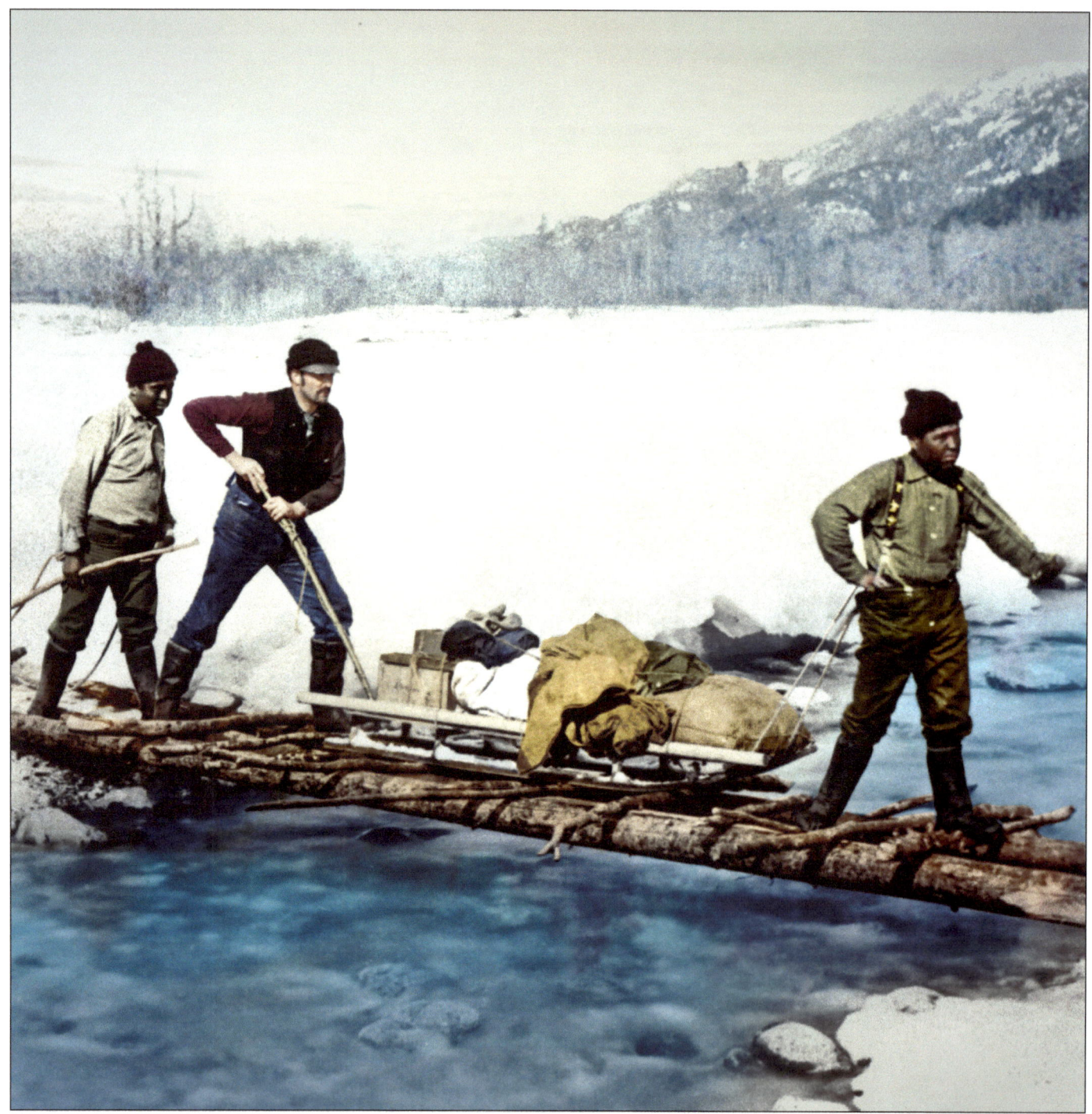

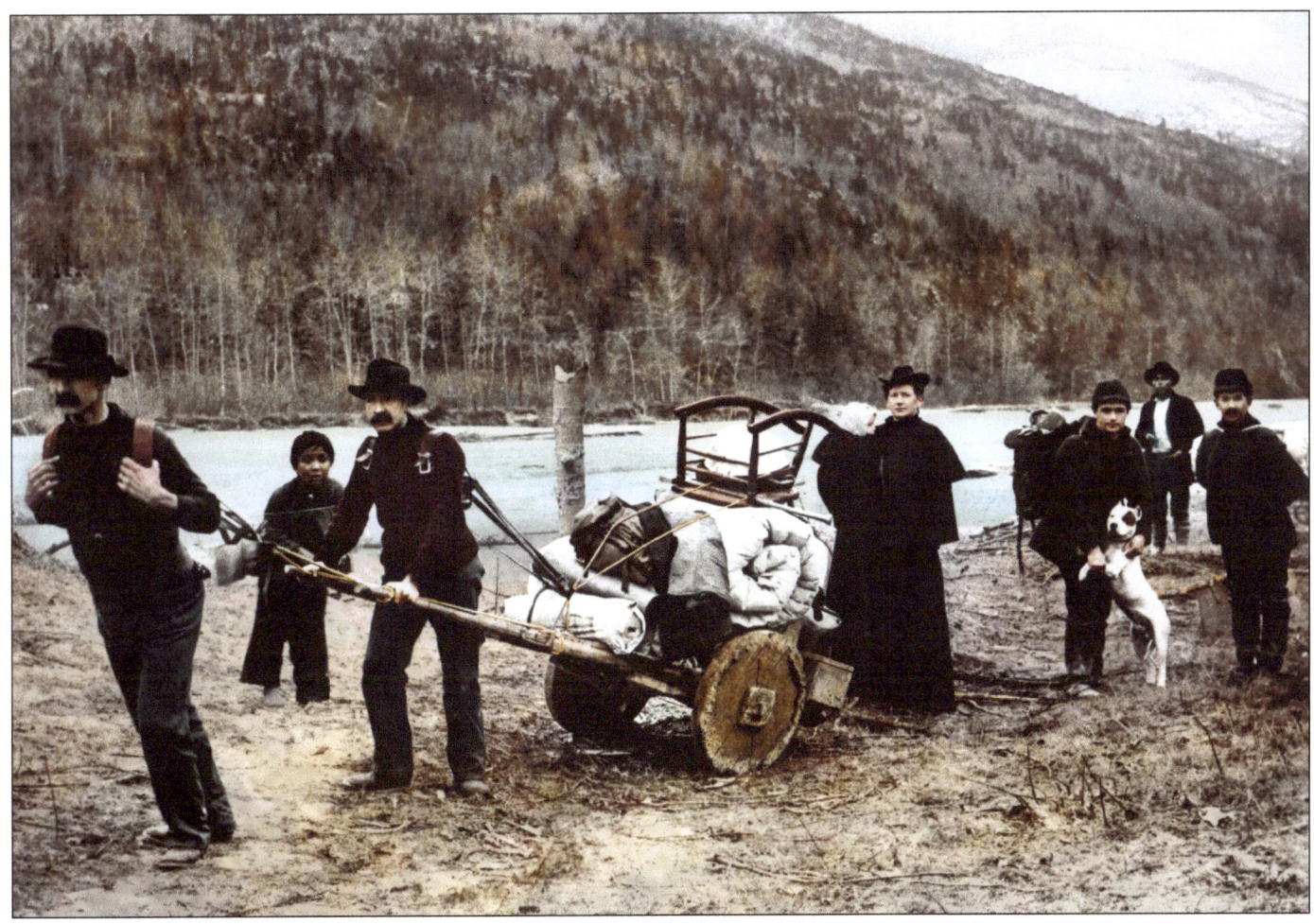

Oben: Familie mit schweren Päcke und Handwagen beim Beginn der Chilkoot Pfad. Der Pfad wurde bald mit etwas anderem als der wichtigsten Lieferungen übersät. Der Schaukelstuhl auf der Warenkorb hat wahrscheinlich den Pass nicht überquert.

Gegenüber: Zwei indische Packer mit Alaskan Fotograf Lloyd Winter-überqueren einer Baumstamm-Brücke. Viele indianische Männer und Frauen wurden als Träger auf dem Chilkoot Trail eingestellt.

Die wilde Erfahrung des Kletterns dieser Pässe hat viele Glücksritter für den Rest ihres Lebens heimgesucht. Die oft rauen, alpinen Bedingungen verschärften nur die Herausforderungen. Um die erforderliche Jahresprovision zu befördern, mussten die Glücksritter schweren Päcke der Strecke entlang tragen. Dies erforderte jede Person durchschnittlich zwanzig bis dreißig Fahrten dieser Strecke entlang zu machen. Die Reichen konnten indianische Packer mieten oder später in der Eile die Straßenbahnen für Lieferung verwenden. Allerdings haben die meisten Goldsucher einfach ihren Kästen, Taschen und Schulranzen über den Pass gegrummelt. Viele dauerte mehrere Monate, um den Chilkoot vollzuenden. Im Jahr 1900 wurde der „White Pass" und Yukon Route Eisenbahn durch den White Pass Tal nach Whitehorse fertiggestellt. Anschließend wurden diese Wege aufgegeben.

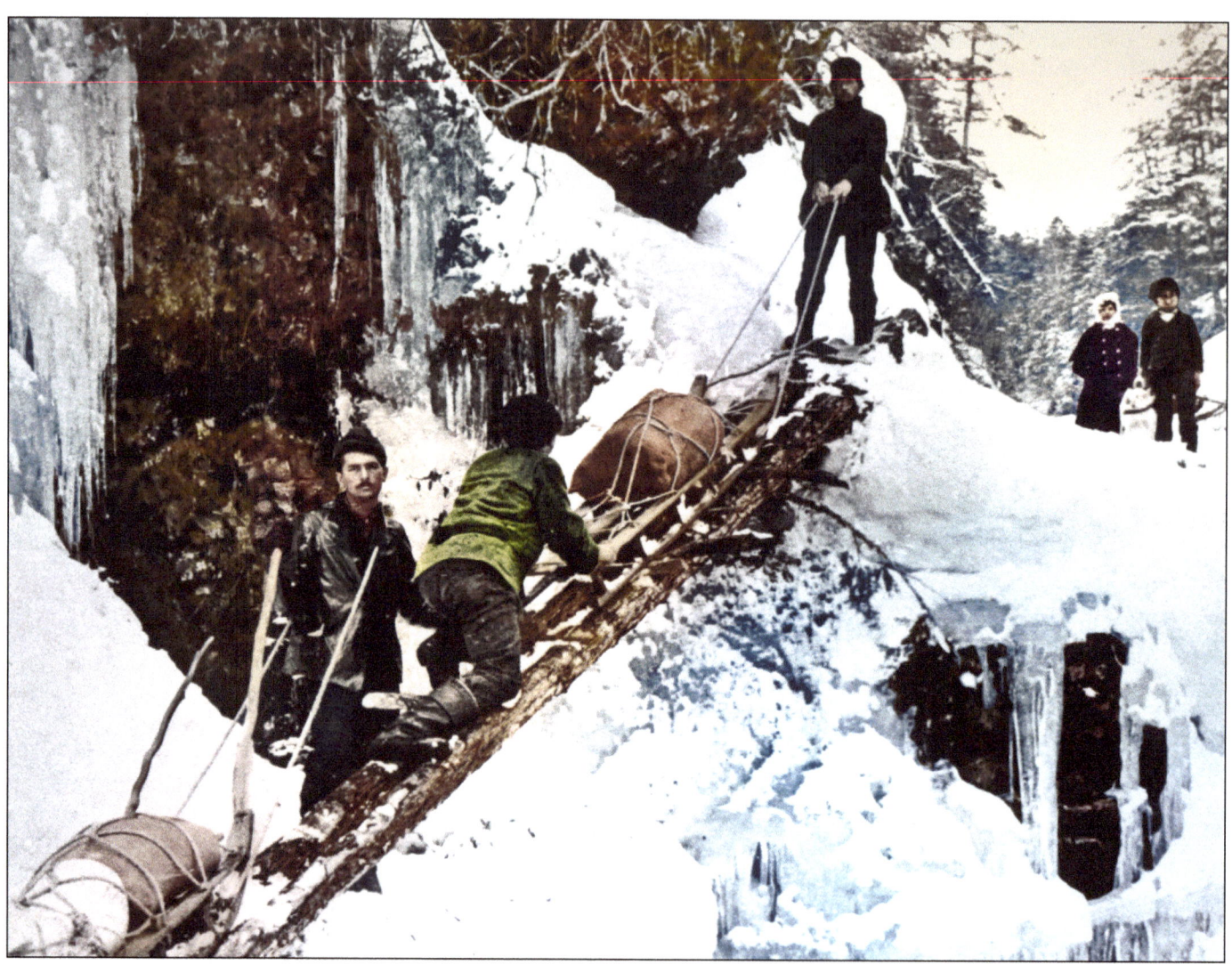

Oben: Glücksritter ziehen Schlitten bis „Jacob's Leiter," in einem Canyon in der Nähe von Sheep Camp auf dem Chilkoot Weg. Die schlechteste Saison für die Reise war im Winter, weil die Temperaturen unter Null waren, starke Winde und Schneestürme viele in ihrer Fährte angehalten haben. Der Winter von 1897 bis 1898 war besonders hart mit außergewöhnlich hohen Schneemengen auf dem Gipfel des Chilkoot. Über Nacht wurden ganze Gemeinden von Zelten unter Bergen von Schnee begraben. Der Chilkoot war ein gefährlicher Ort, wo das schreckliche Leiden eine tägliche Realität war.

Gegenüber: Männer und Frauen ziehen Schlitten durch den Dyea Canyon.

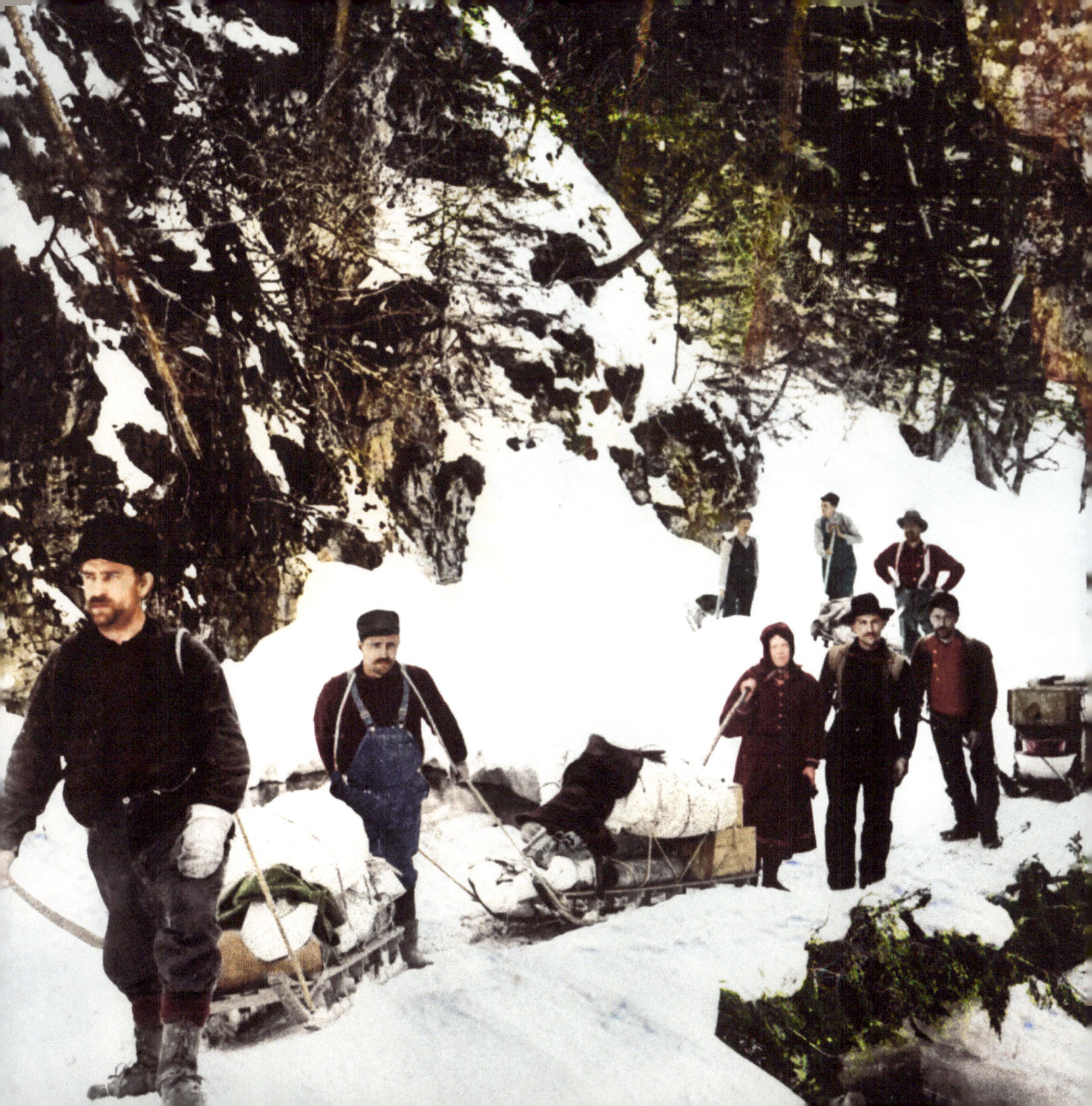

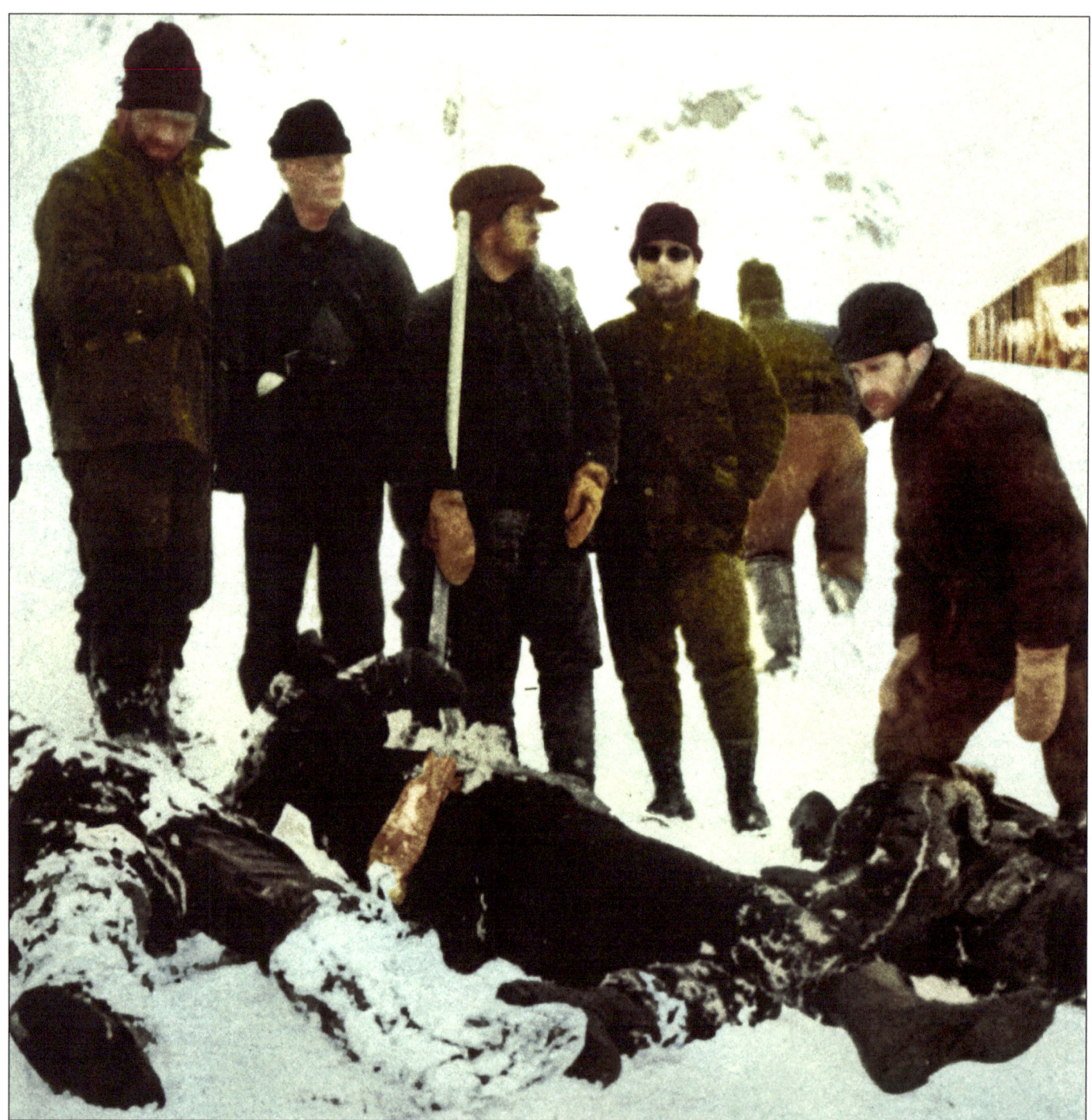

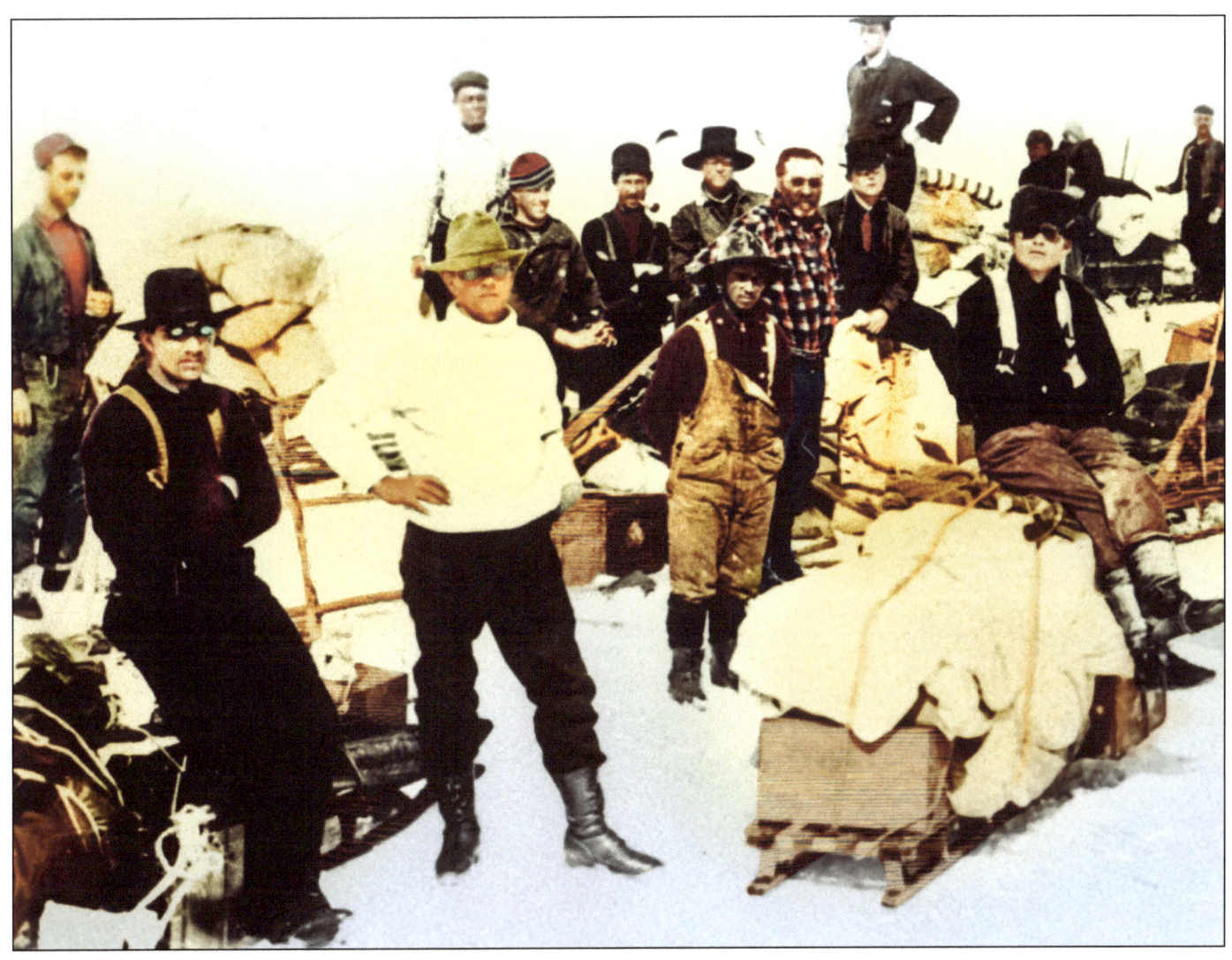

Oben: Eine Gruppe von Glücksritter mit beladenen Schlitten und Lieferungen.

Gegenüber: Am 3. April 1898 hat eine gewaltige Lawine aus einem Hang von 2.500 Meter über dem Chilkoot Trail weggefegt. Innerhalb von Sekunden wurde der Weg unter Tonnen von Schnee, Eis, Fels und Schutt begraben. Hunderte haben nach Überlebenden gegraben. Insgesamt starben siebzig Männer. Andere Schneerutsche kosteten auch Leben. Bäche könnten den Nachschub für ein ganzes Jahr in Sekunden überschwemmen. Bei einer Sturzflut ertrunken drei Männer.

Seiten 22-25: Der Endspurt, zum Beseitigen des Chilkoot-Gipfels ist eine dreißig-Grad-Steigung, die als "Golden Stair" genannt ist. In allen Jahreszeiten bedeckten Schneepisten und steile Eisfälle diese steinige Gewinne. Die Goldene Treppe hatte fünfhundert Stufen, mit einer einzigen eisigen Seil.

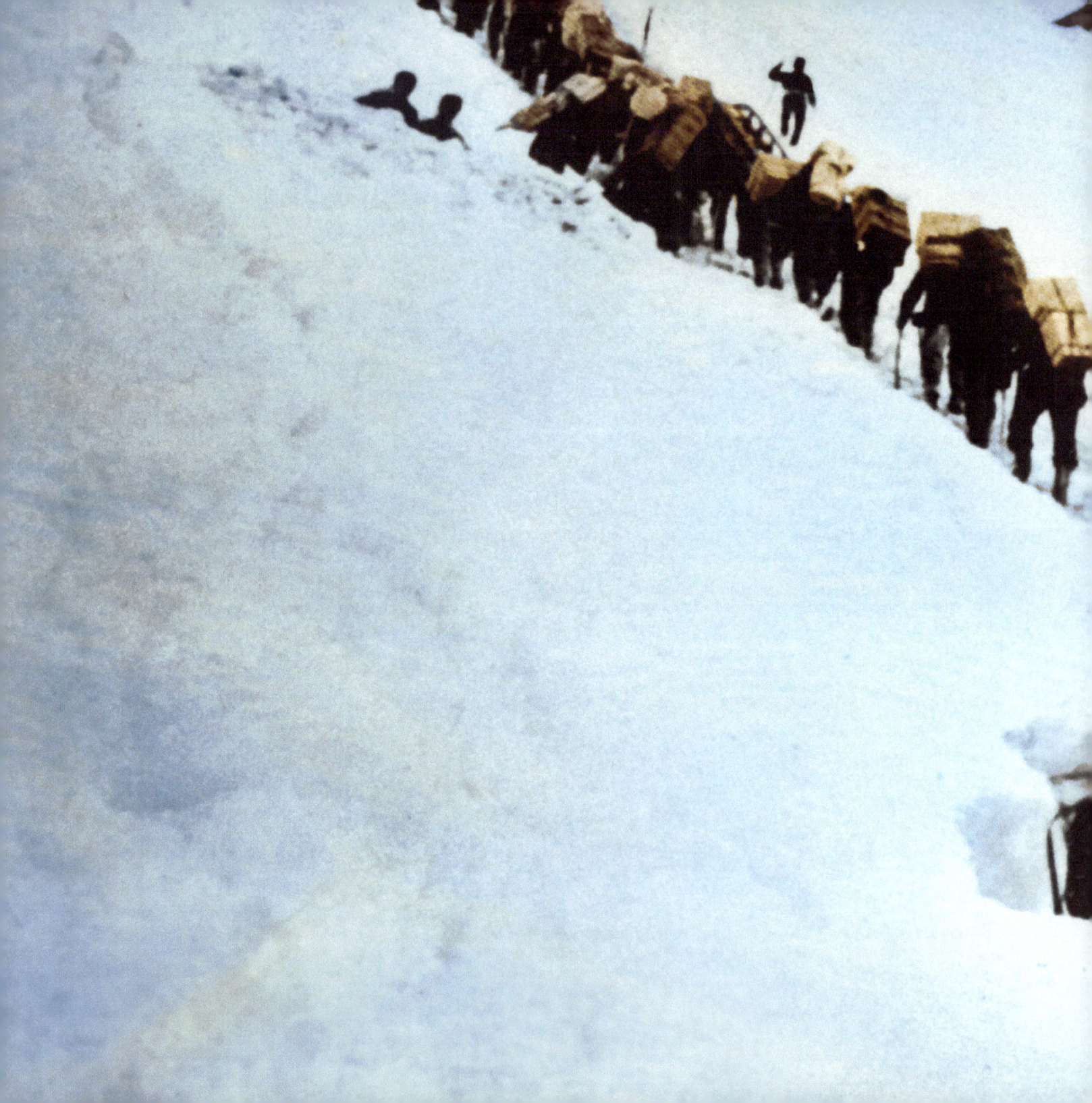

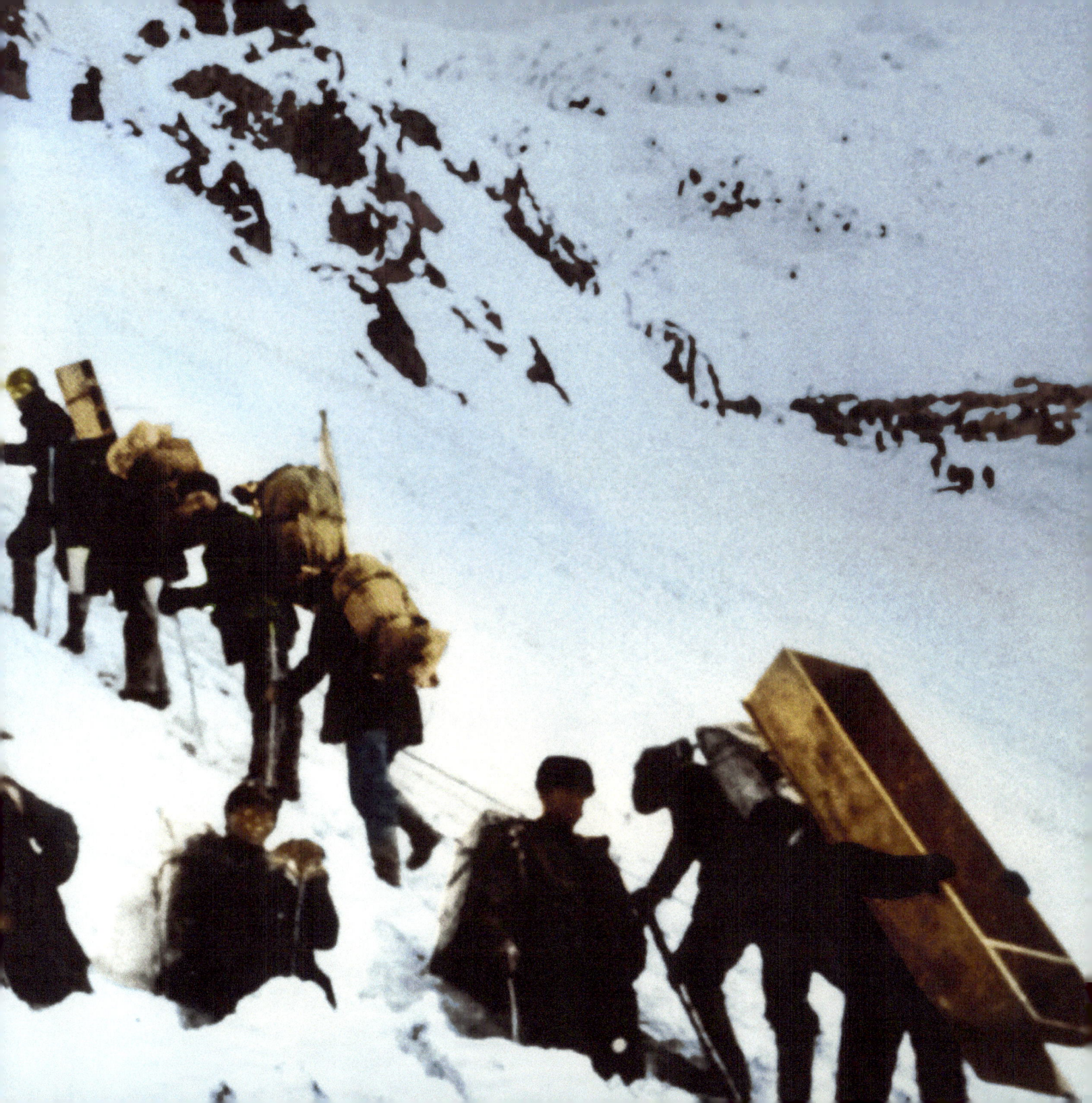

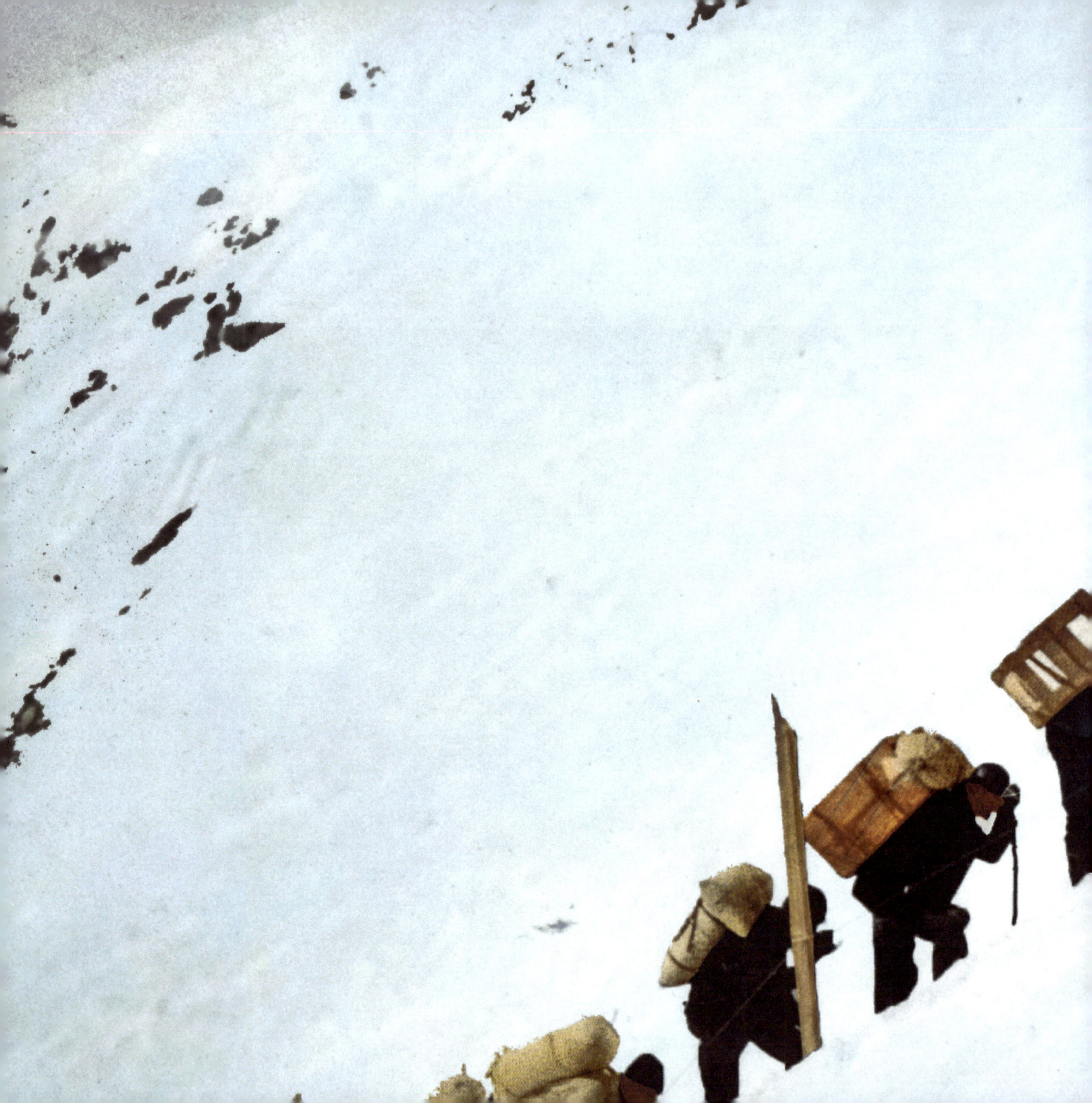

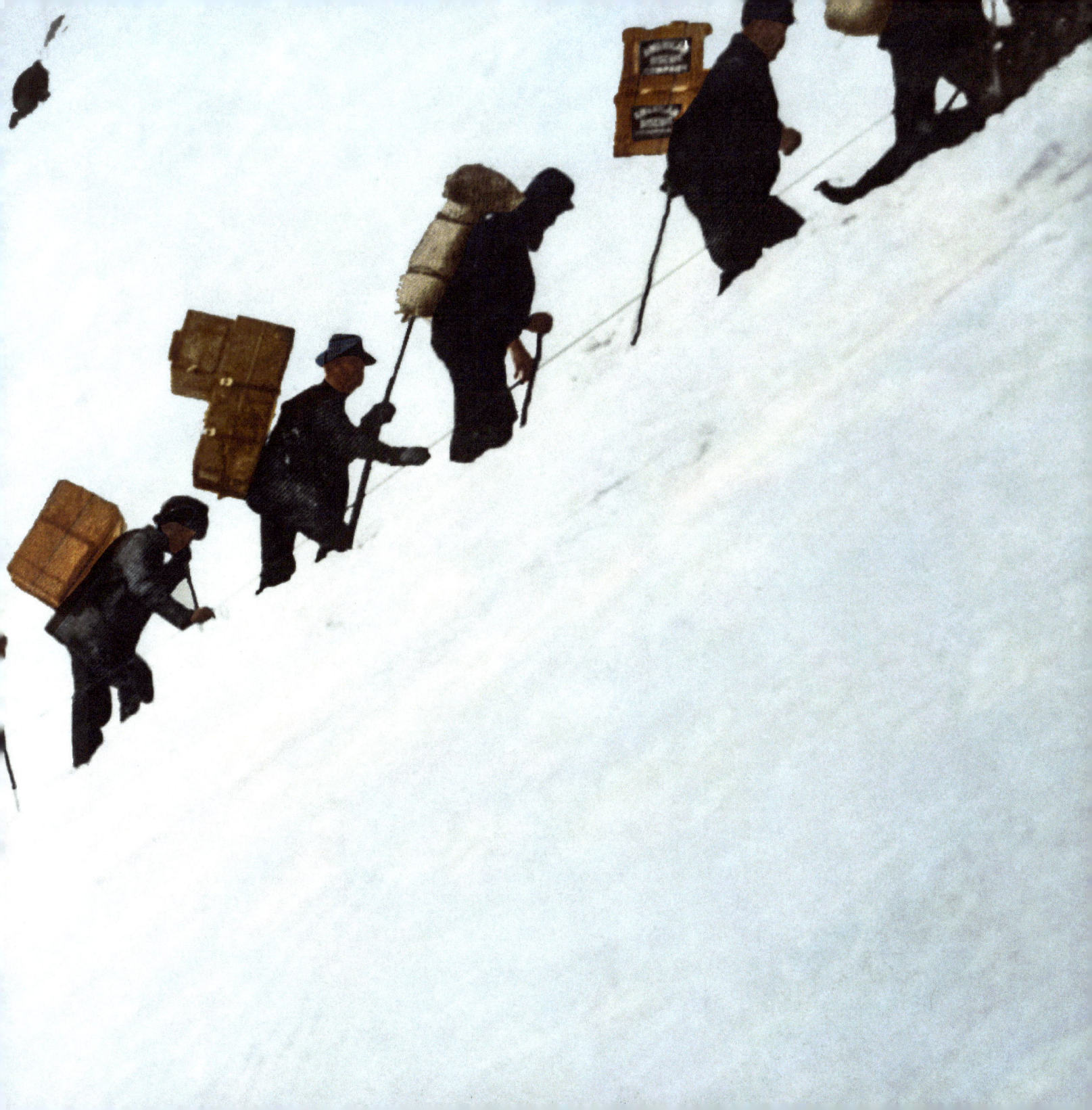

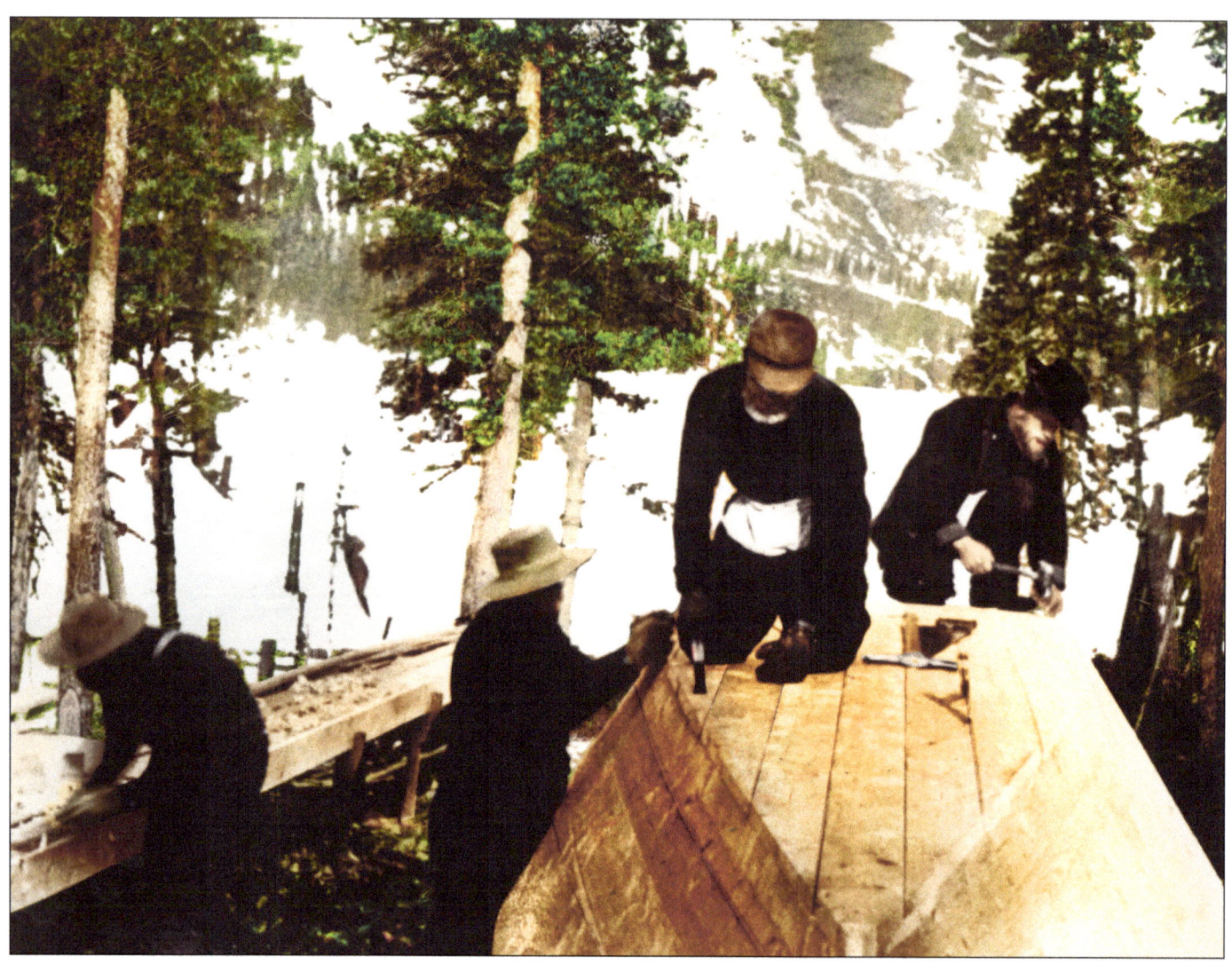

Oben: Einmal über den Chilkoot Pass, waren die Glücksritter noch ein langer Weg von den Goldfeldern. Nach Frühling, paddelten und segelte sie durch eine Reihe von Seen, um den Yukon Fluss zu erreichen. Plätte, wie auf diesem Foto, wurden häufig aufgrund ihrer relativen einfachen Konstruktion, gebaut.

Gegenüber: Bootsbaustädte wurden auf den Felsen von Lindeman und Bennett gegründet. Während des Winters von 1897 bis 1898 haben mehr als 20.000 Menschen mit wenig oder keiner Erfahrung 7000 Boote gebaut.

Die Landschaft wurde für Brennholz und für die Beplankung von Boote abgetragen. Das Schrotsägen von dimensionierten Hölze war die schwerste Aufgabe dieses Bootsbaues, und viele Parteien teilte auf. Als Folge gab es nur Kämpfe in der Sägegruben. Sobald genügend Holz abgesägt wurde, wurden kleine Boote zusammenbefestigt. Der Klang der Hämmer füllte das Tal, als es Werg für Bootsrümpfe zertrümmerte.

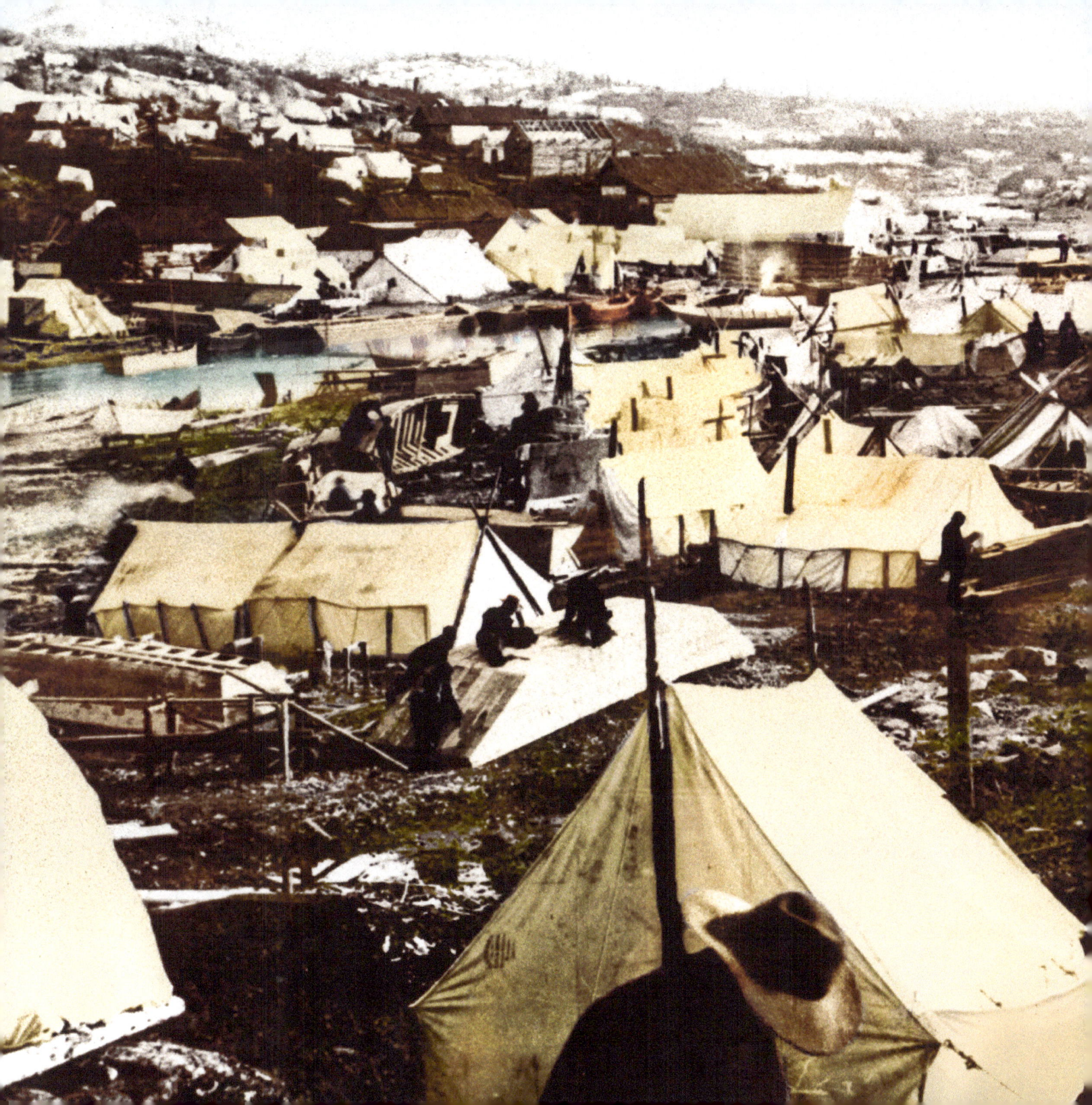

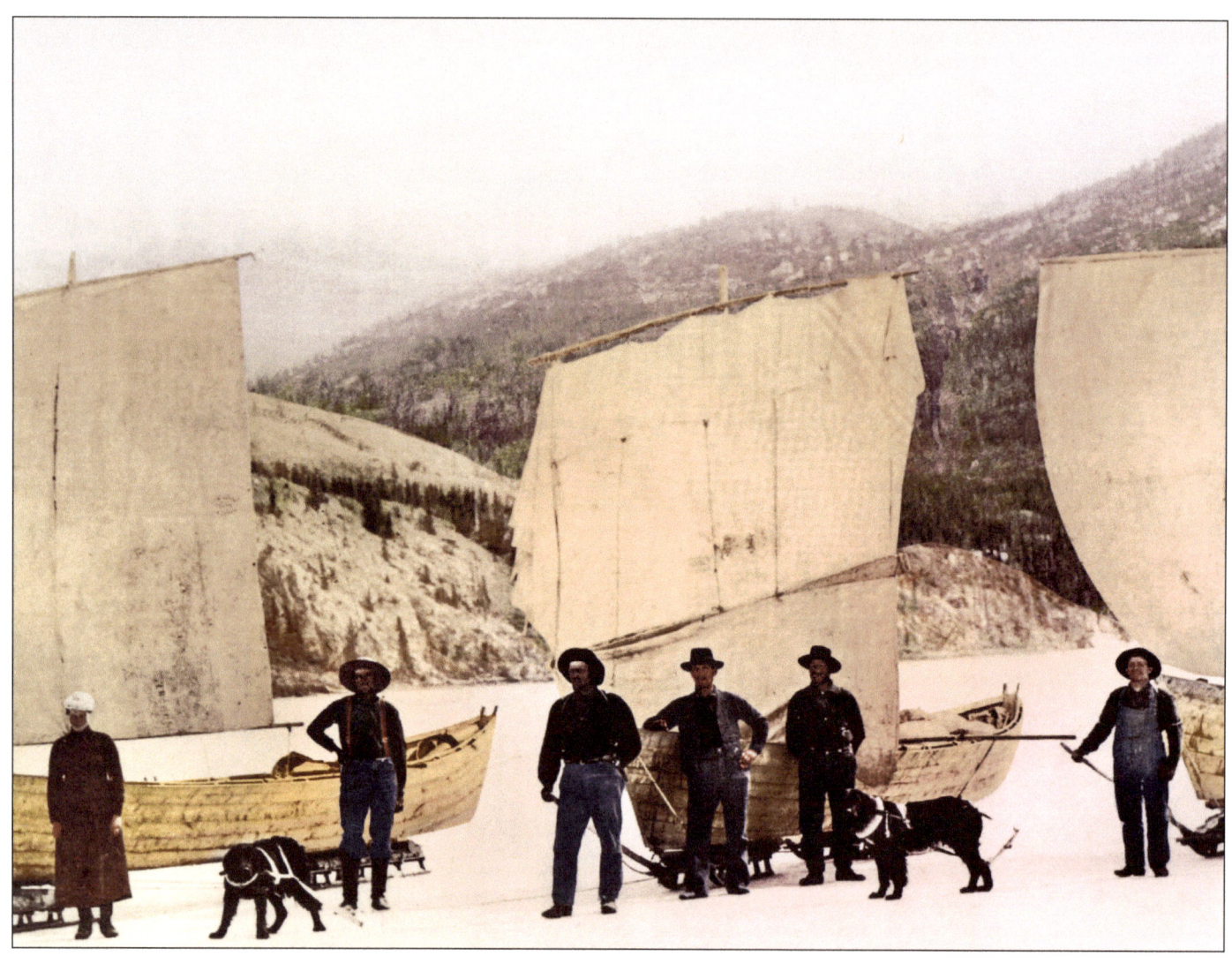

Oben: Ungeduldige Glücksritter auf Eis-bedeckten Bennett See mit Segel, die zu ihrem Versorgungsbeladenen Schlitten befestigt sind und Booten und Seilgurte, die sie über ihre Schultern haben. Die Seen in der Nähe von Chilkoot waren auf höheren Erhebung und wurden später getaut und mit diesen Bemühungen könnten diese Glücksritter flussabwärts früher gelangen.

Gegenüber: Am 3. Juni 1898 das Eis schließlich ging aus, und die gebrechliche Armada je gesehen, fuhr nach Dawson ab. Der Verlauf auf dem häufig windig und abgehackten Seen verlangsamte viele, aber einmal der Yukon Fluss wird schneller, wird die verlorene Zeit umschlagen.

Seiten 30 und 31: Männer ziehen ein Boot mit einem Seil von der Küste, während die Männer im Boot mit Polen auf Windy Arm, Tagish See helfen. Die Booten von anderen Glücksritter sind kaum sichtbar.

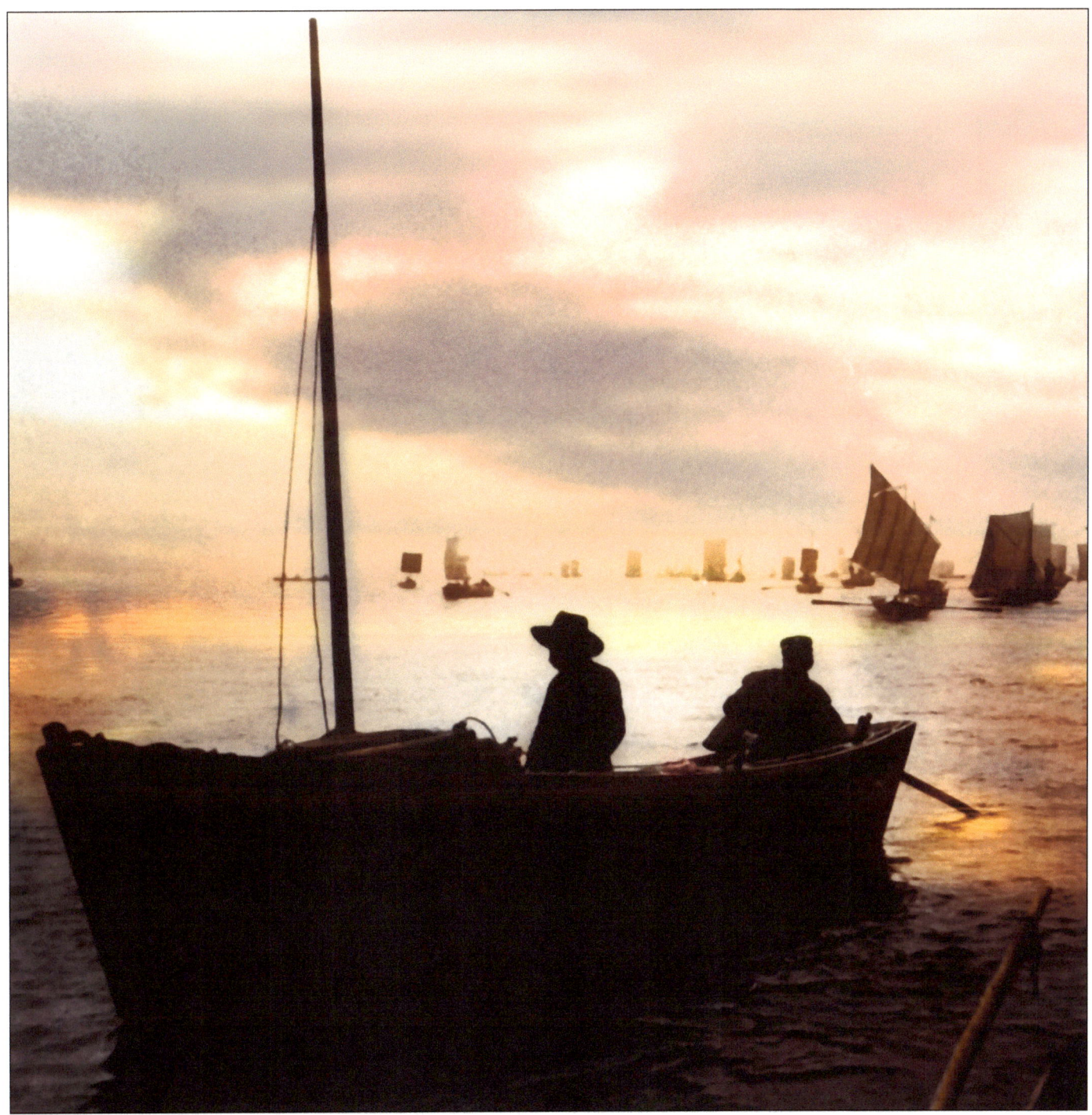

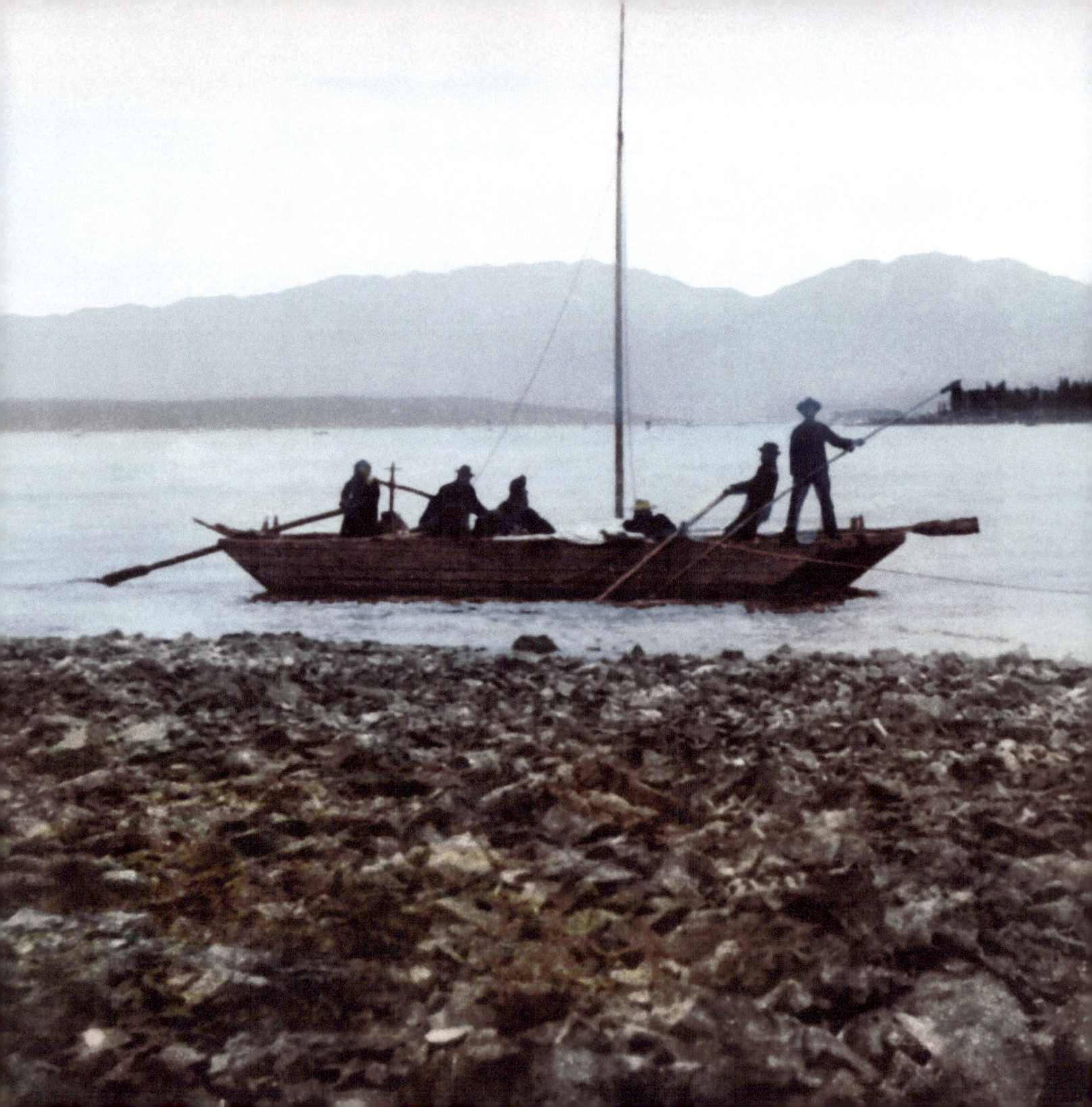

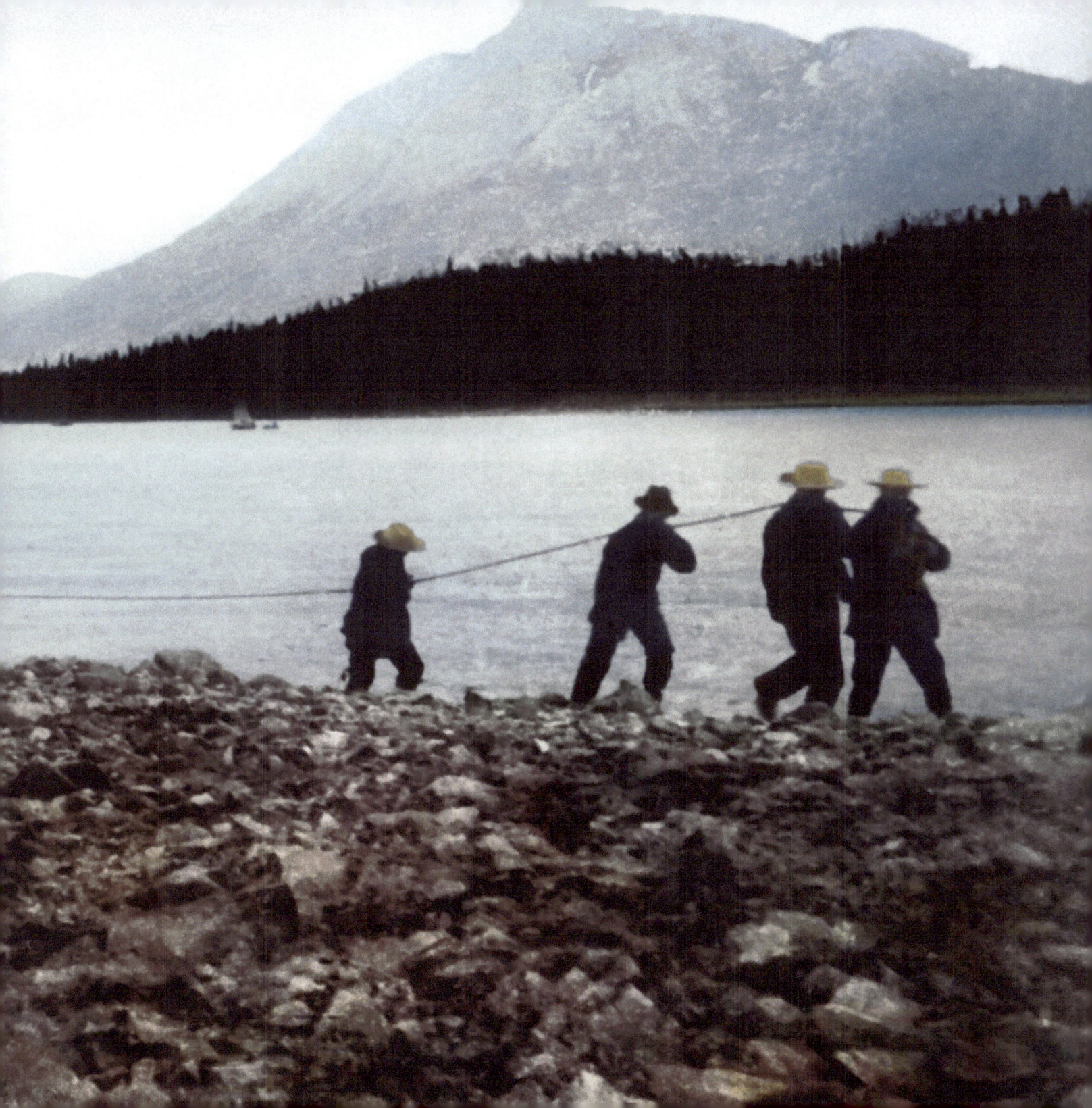

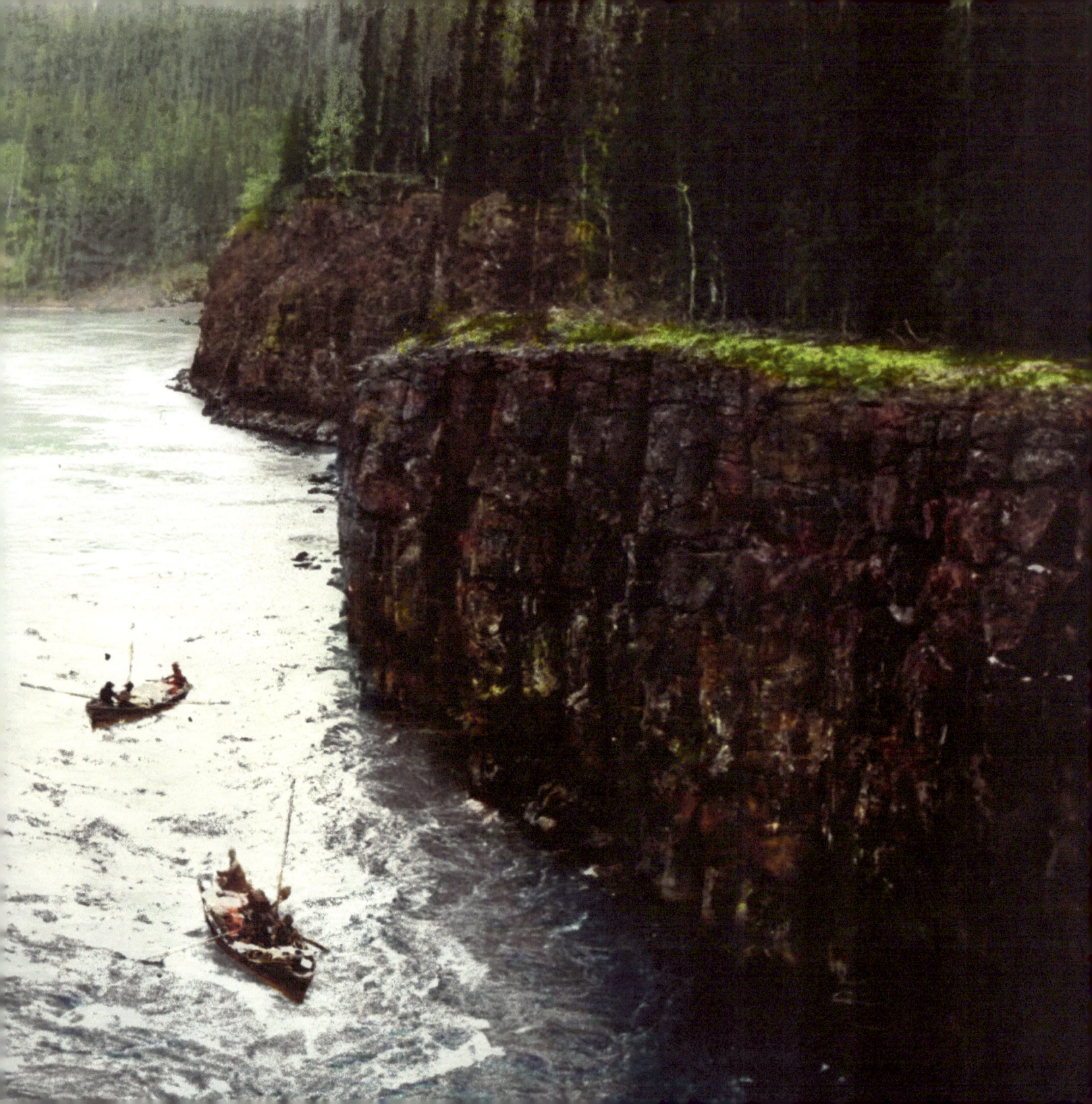

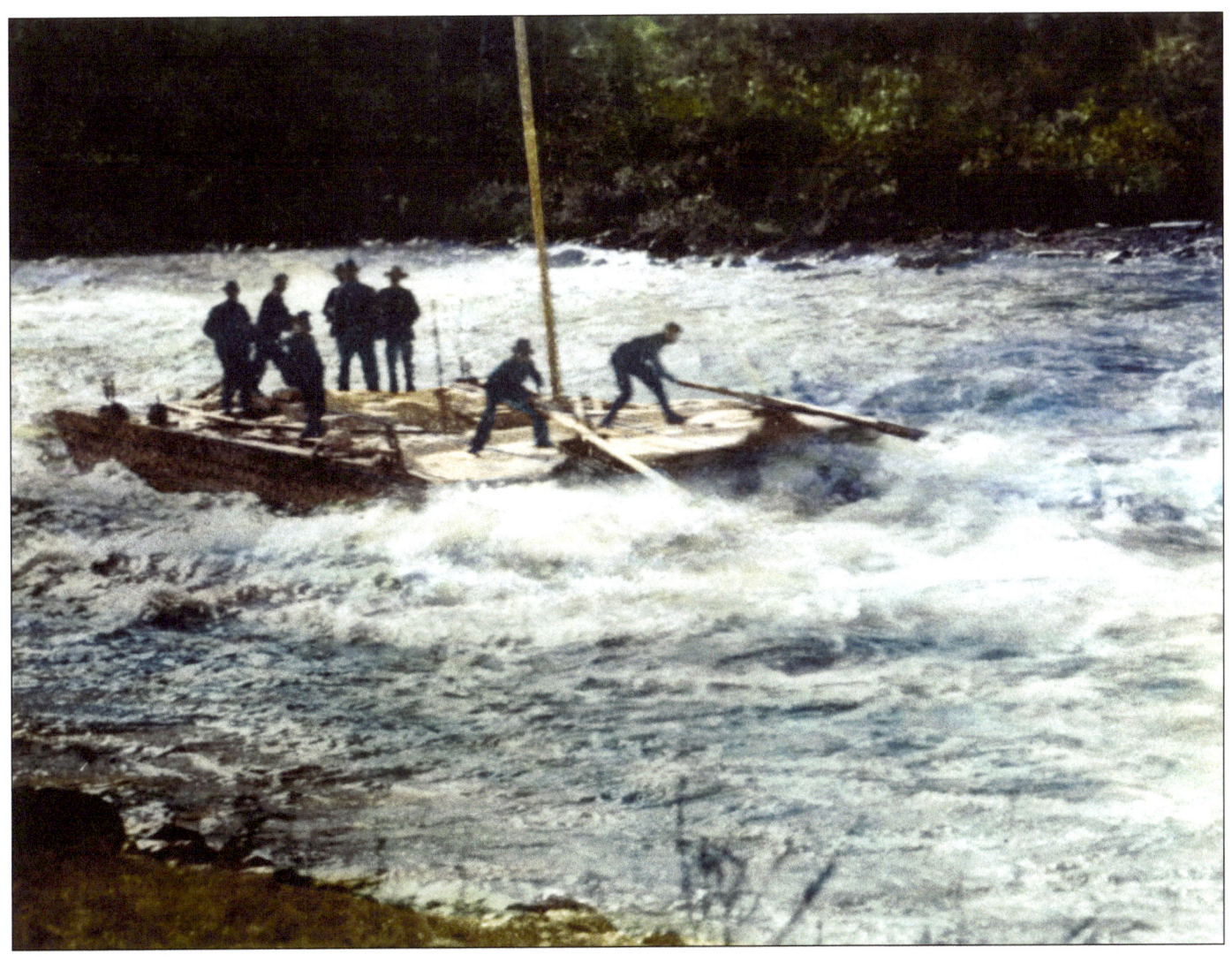

Oben: Ein Flachboot, besetzt von acht Männern, die White Horse Wildwasser fahren.
Die beiden Männer auf dem Bogen siteuern mit Ruder.

Gegenüber: Glücksritter führen verräterische Miles Canyon, in der Nähe von Whitehorse. Glücksritter versuchten, einen Weg durch eine lange Reihe von Wellen in dem Canyon zu finden. In der Woche nach dem Break-up, mehr als 150 Boote wurden zerstört und mindestens zehn Menschen ertrunken. Eine kurze Zeit später wurde eine Straßenbahnlinie gebaut, um Boote und Ausrüstung rund um diese Wildwässer zu transportieren. Flussführer haben auch ihre Dienste geboten, und viele von diesen Führungen wurden mit Hunderten von sicheren Passagen gutgeschrieben.

Der Rest der Fahrt auf dem Yukon River war weniger schwierig, aber das Wildwasser, wie Five Finger Rapids verdiente Vorsicht. Das Rennen begann und Glücksritter paddelten in der Mitternachtssonne rund um die Uhr.

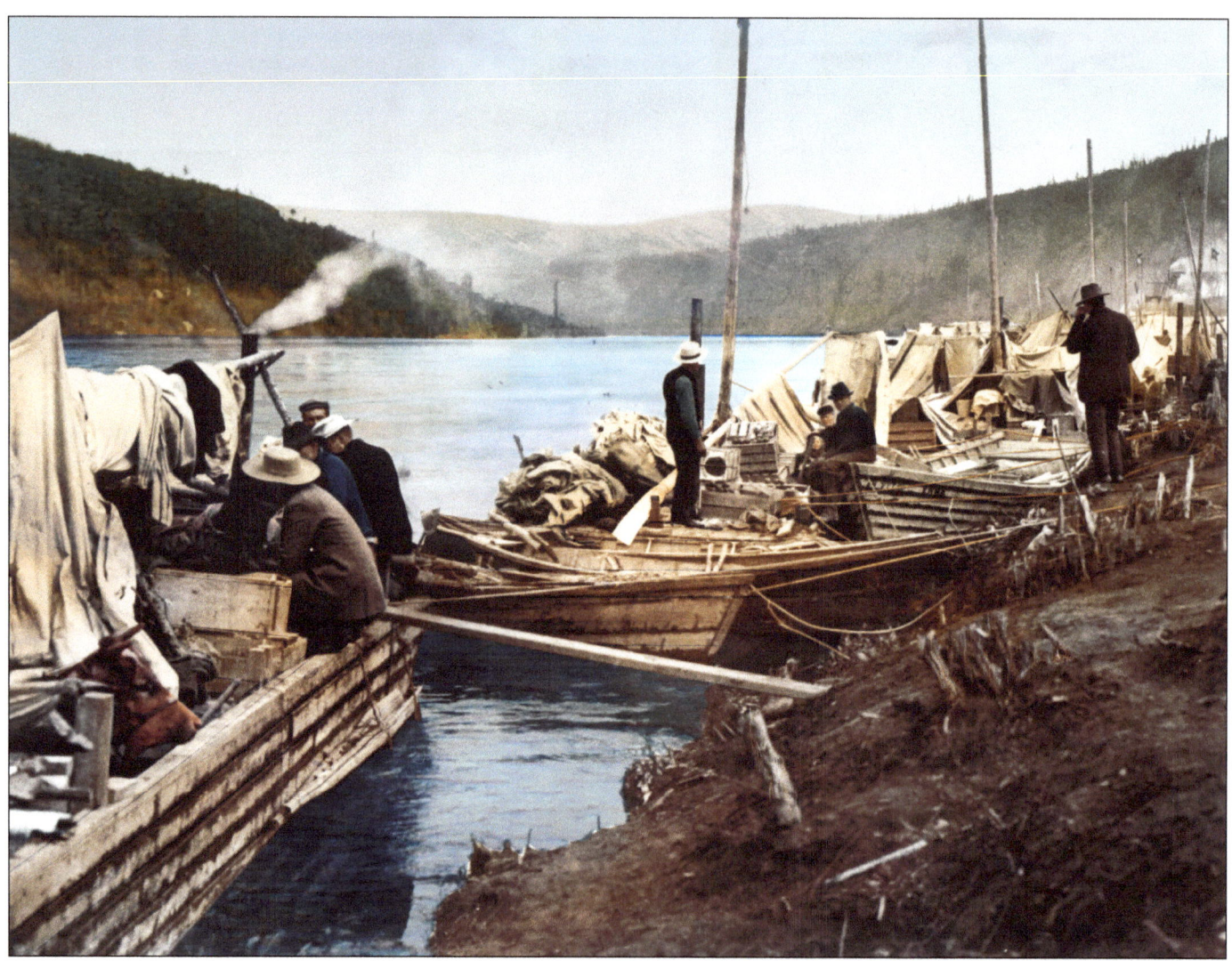

Oben: Boote und Kähne säumen das Ufer des Yukon Flusses bei Dawson. Es war eine richtige Boom-Stadt mit einer Blütezeit, die nur ein oder zwei Jahre dauerte. In seiner Blütezeit hatte Dawson eine Bevölkerung von mehr als 40.000 Menschen und war die größte kanadische Stadt westlich von Winnipeg.

Die meisten Glücksritter kamen nach Dawson im Frühjahr und Sommer 1898. Sie wanderten in dieser karnevalähnlichen Stadt, hundemüde von ihrer beschwerlichen Wanderung. Es gibt viele Geschichten von Glücksritter, die bei der Ankunft sofort Hause gebucht haben. Müde und schlapp reisend, versuchten sie nicht einmal, Gold zu waschen.

Gegenüber:"Bowery Street" war der Name für das Gebiet entlang des Yukon Flusses, das von Zeltbewohner bewohnt war. Händler haben ihre Waren unter Sonnensegel und in Zelten angezeigt. Zwei abgemagerte Pferde an der Unterseite sind ersichtlich.

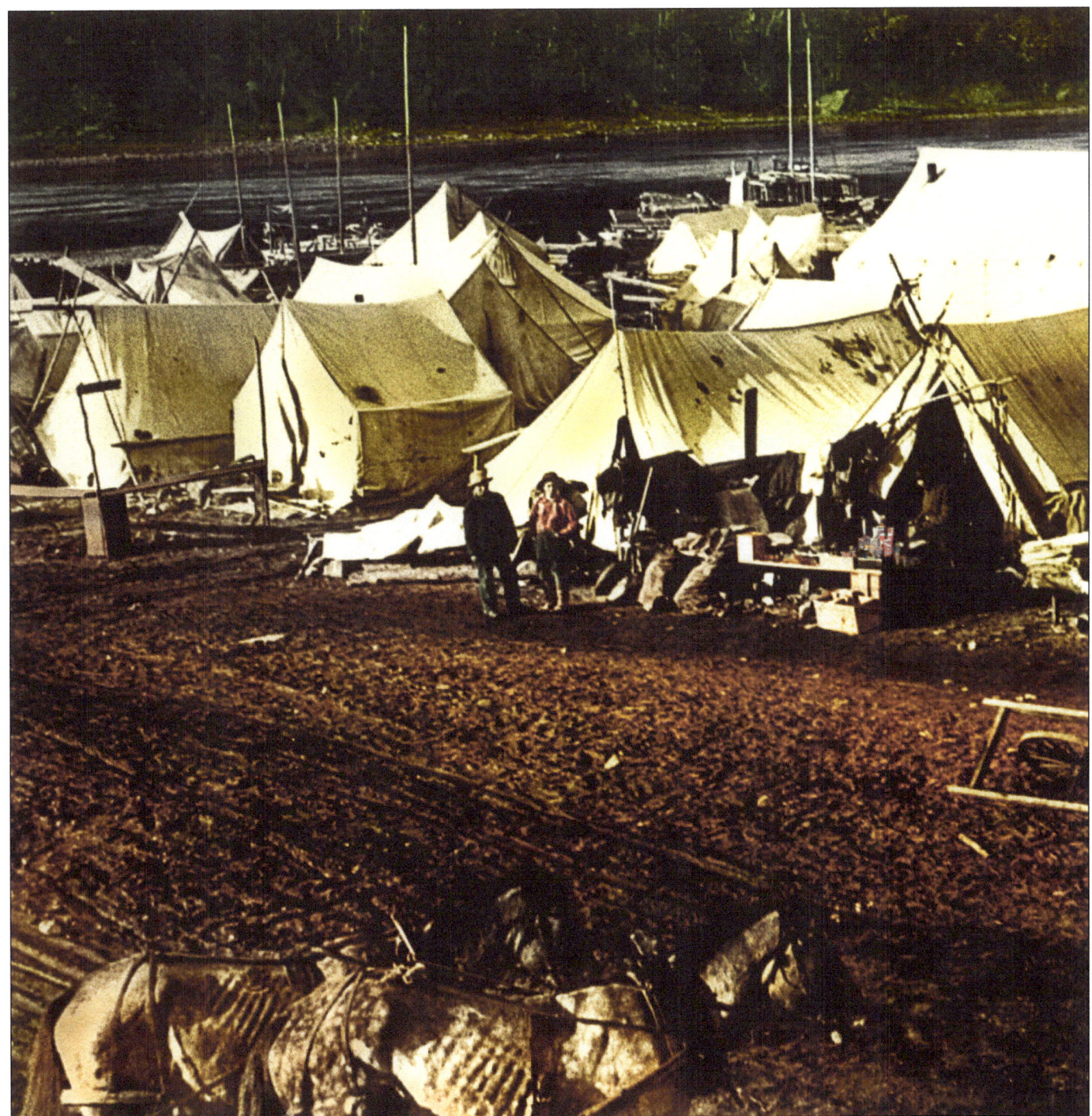

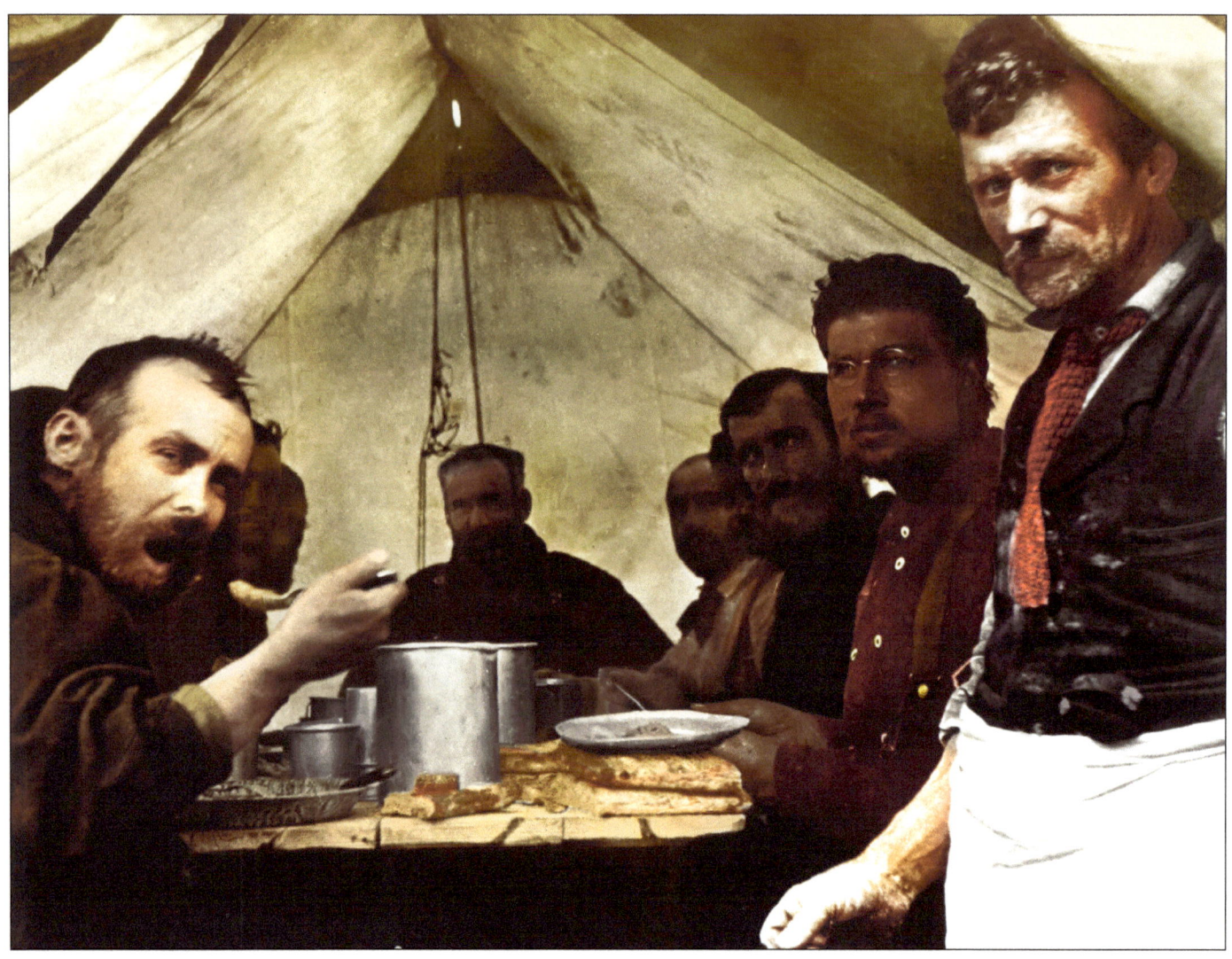

Oben: Mahlzeiten waren eher einfach und monoton für die meisten Glücksrittern. Zeltrestaurants waren beliebt, weil sie in der Regel günstiger waren.

Die Mehrheit der Bevölkerung von Dawson hat Bohnen und Pfannkuchen gegessen. Sie schliefen in Zelten und verbrachten ihre Tage mit der Erwartung, Glück zu finden.

Sie haben den schwierigsten Erfahrung ihres Lebens gerade ausgehalten, als sie in Klondike-Tal ankamen. Jetzt waren sie müßig mit wenig Gelegenheit.

Gegenüber: Pferd und Wagen verklemmten im Schlamm auf Second Avenue. Dawson wurde auf einem Sumpf gebaut, und nach einem harten Regen wurden einige seiner Straßen unbewahrbar. Die Pfützen waren ein idealer Lebensraum für Mücken und Fliegen und menschlichen und tierischen Abfällen erstellten einen schrecklichen Gestank. Krankheiten, wie Typhus blühte unter diesen Bedingungen.

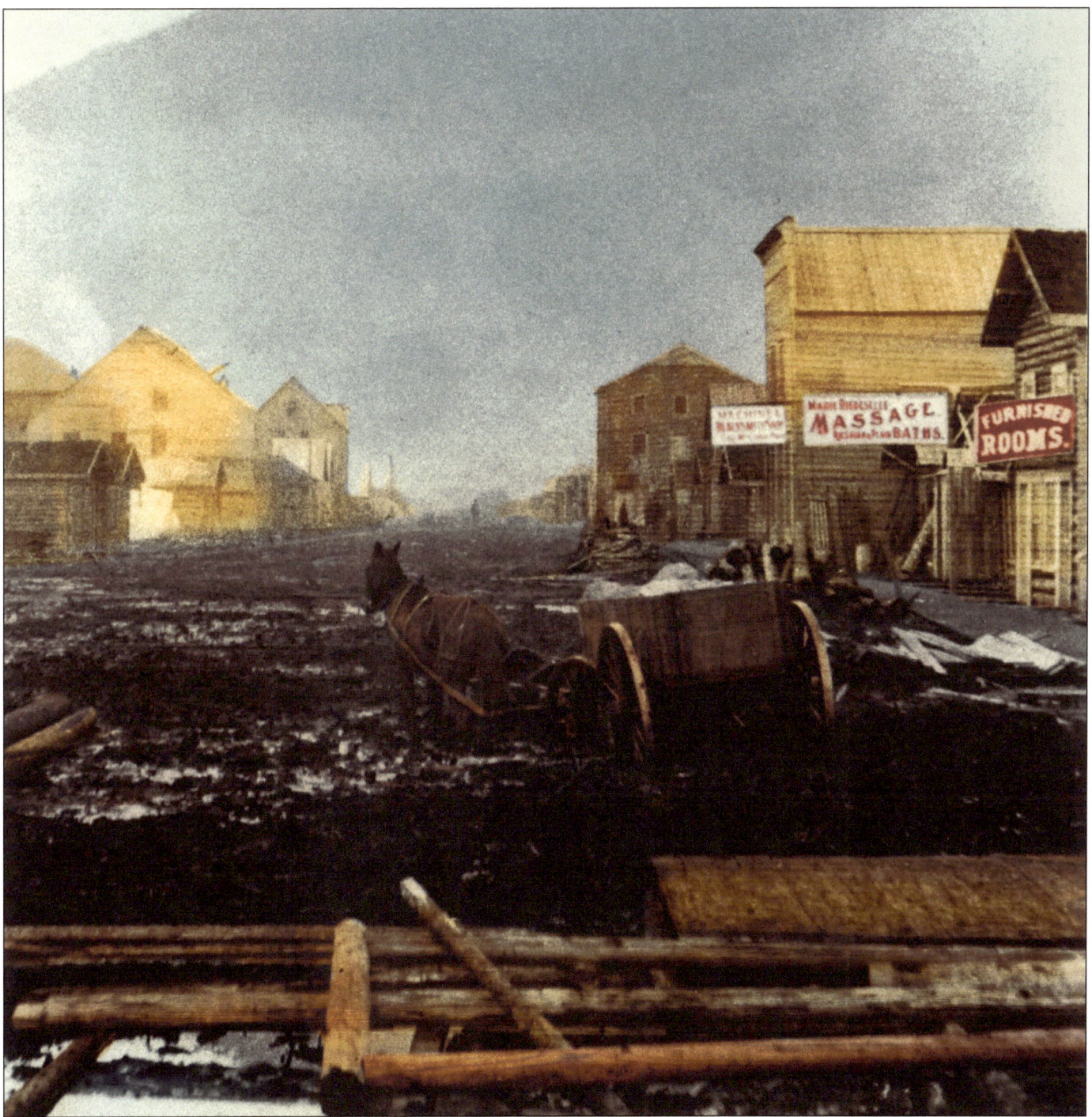

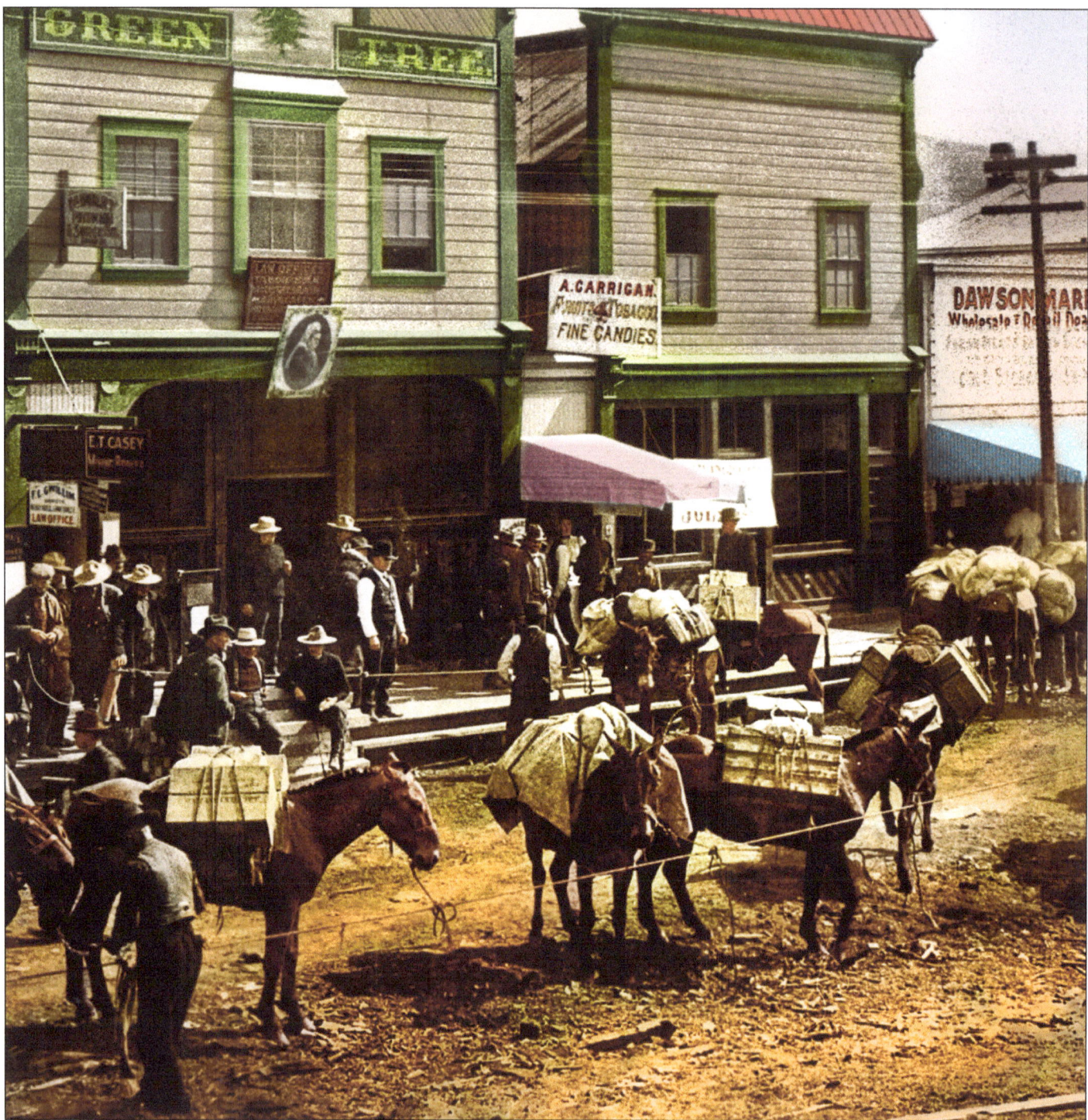

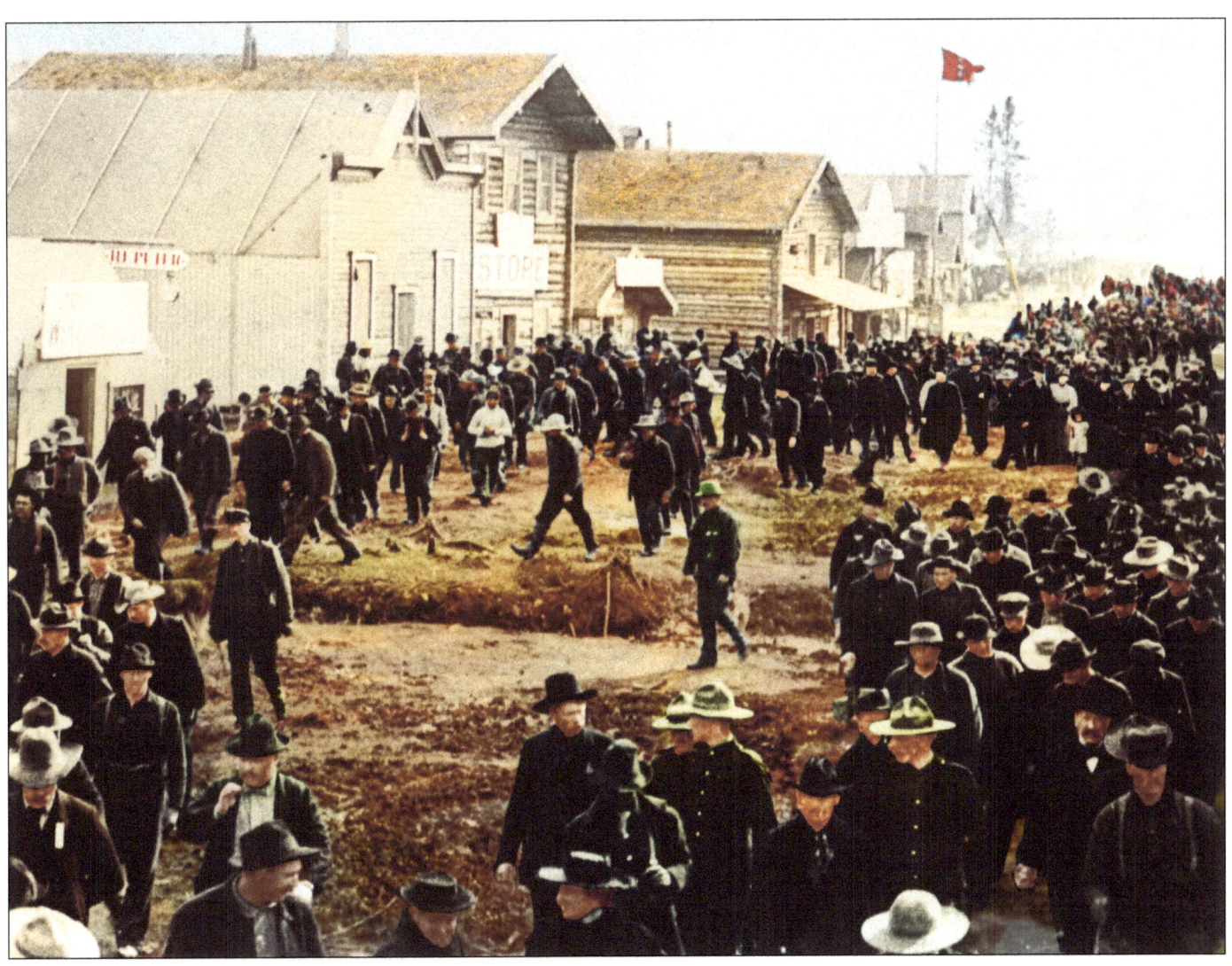

Oben: Juli 4. Feier der USA. Tag der Unabhängigkeit wurden in Dawson beobachtet. Mehr als sechzig Prozent der Glücksrittern waren US-Bürger.

Die Ironie des Klondike Goldrausches war, dass die Goldfelder fast vollständig abgesteckt waren, bevor die Glücksrittern ankamen. Es gab wenig Gelegenheit für Tagelöhner und viele Glücksrittern waren völlig pleite.

Dawson war ein Boom Stadt, wo die sagenhaft reiche und bettelarme Menschen, auf den gleichen Holzbohlen in den sumpfigen Straßen spazierten. Verzweiflung war überall außer in den Tanzsälen, Salons und Geschäfte.

Gegenüber: Saumzüge wurden häufig verwendet, um Nachschub für die Stadt und für die Minen zu transportieren.

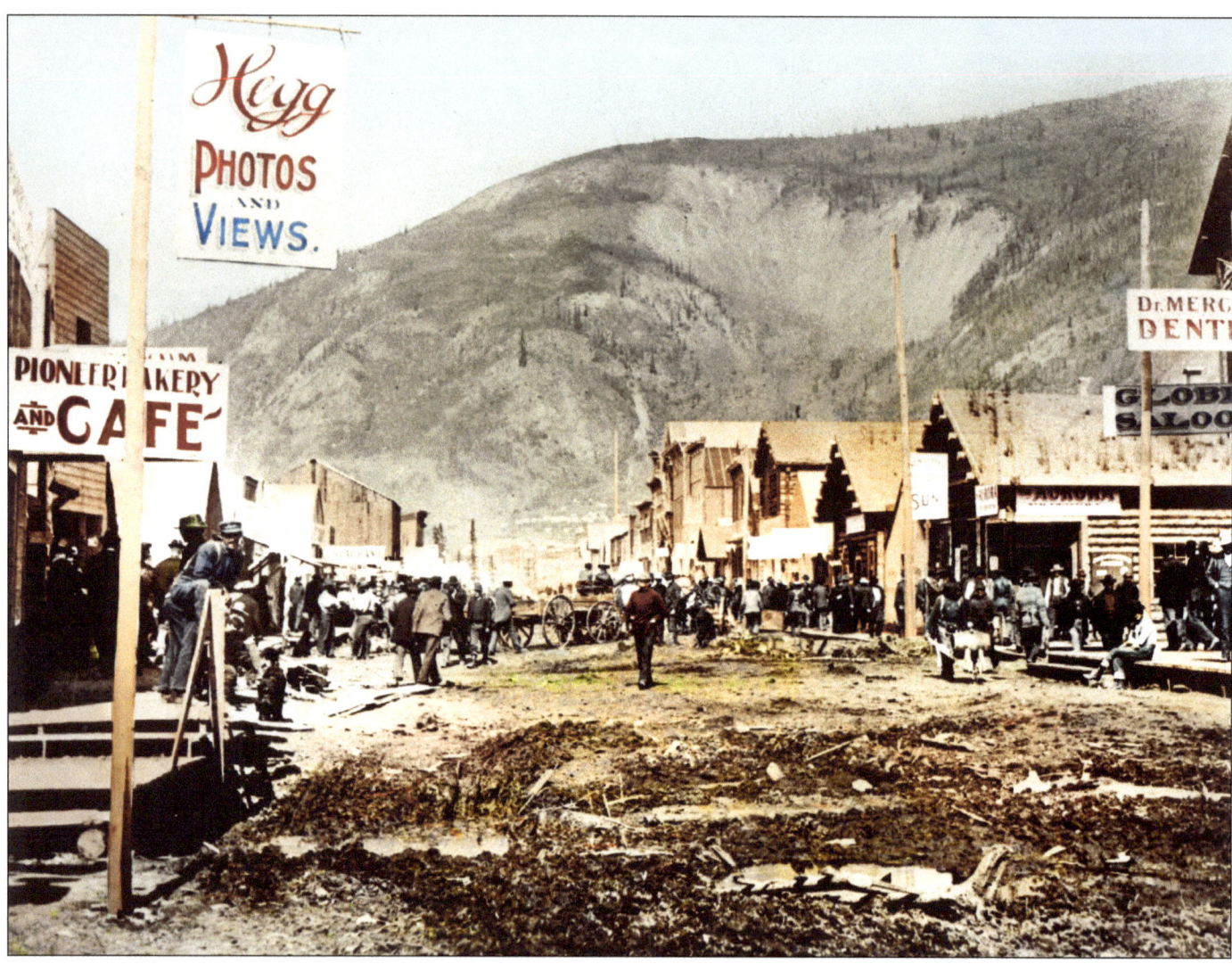

Oben: Front Street war das Zentrum der Stadt. Fluchartig gebauten Hotels, Restaurants und Lagerhallen säumten die Straßen. Der Erdrutsch über die Stadt Dawson sah so aus, wie heute und dieser Hügel ist als "Dome bekannt."

Für einen kurzen Moment war Dawson " Paris des Nordens " und hatte eine Reihe von Waren und Dienstleistungen, die noch nie " gesehen wurden. In Dawson konnten Sie den besten Champagner kaufen und dies in feinen Kristall trinken. Sie konnten Mignon-Filet, Austern und Kaviar essen. Feine Seide, Schmuck und Kleider standen zu einem Preis zur Verfügung. Praktisch war alles möglich in Dawson.

Gegenüber: Empfangen von Post wurde ein Ereignis für eine Stadt mit heimwehkranken Glücksrittern. Während des Winters wurde die Post durch Hundeteams und später durch Pferdeschlitten ausgeliefert. Raddampfer behalten die Stadt bestückt und trug die Post während der Sommermonate.

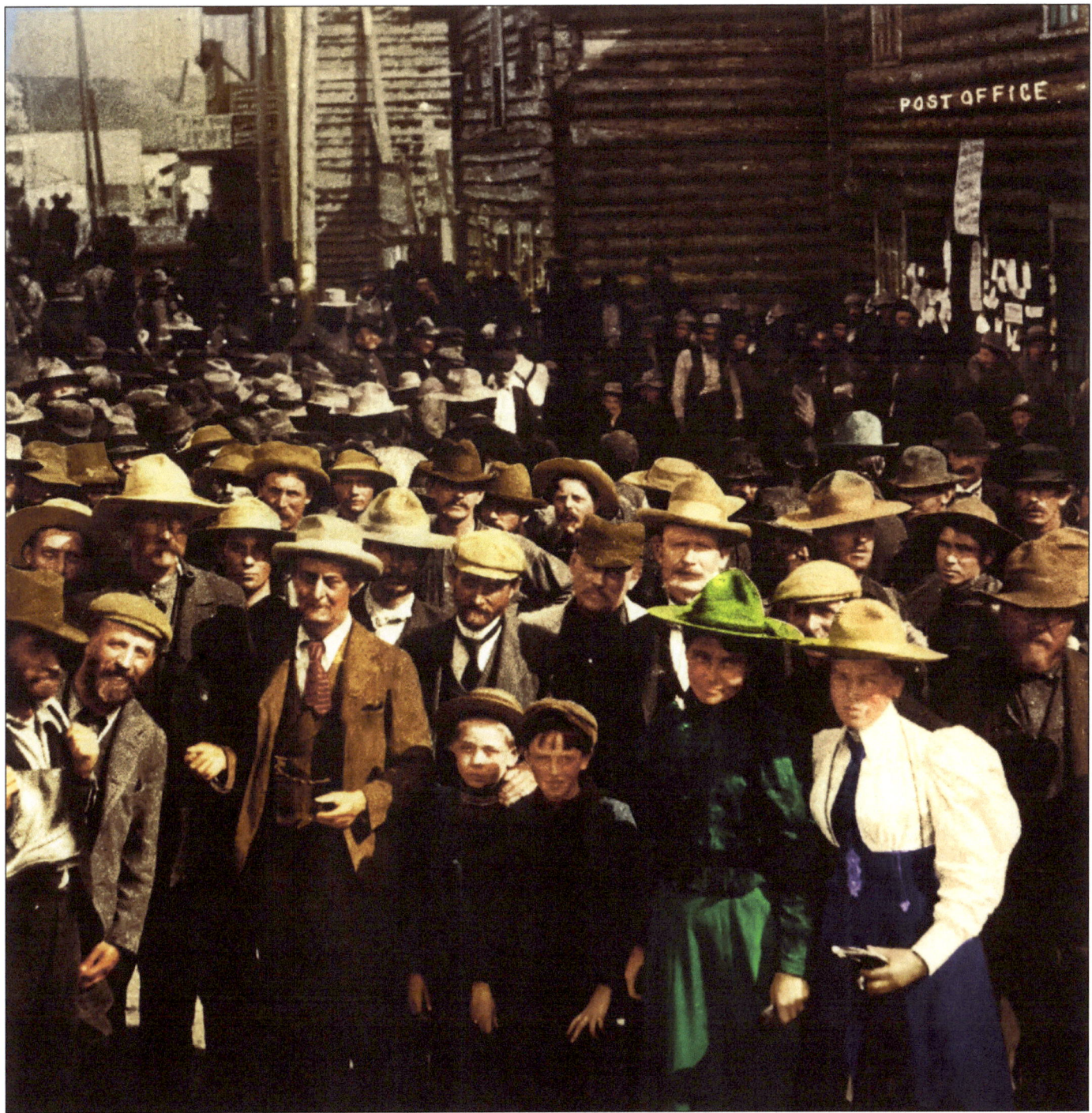

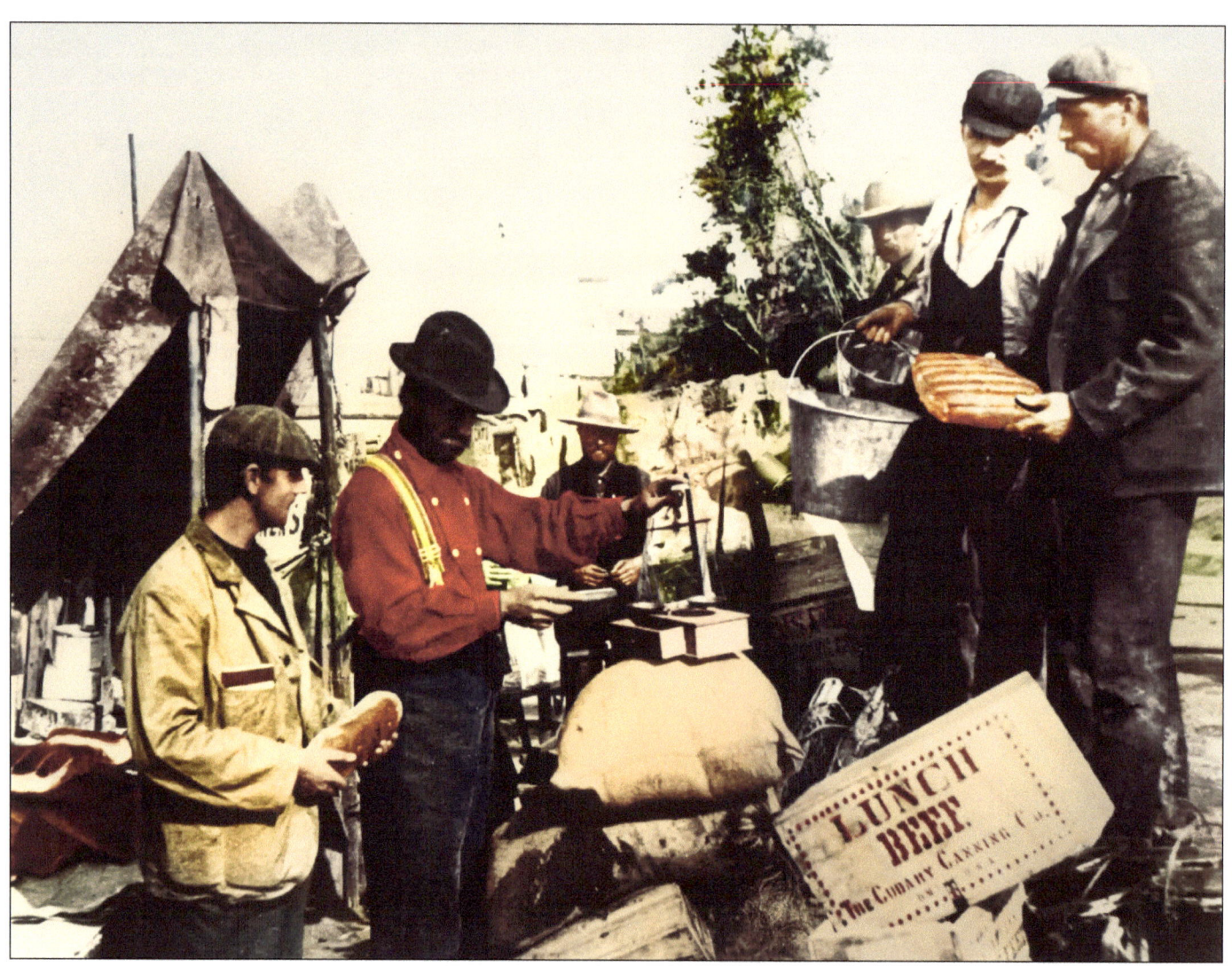

Oben: Ein Bäcker tauscht Goldstaub für Brot aus. Goldstaub war eine akzeptierte Währung in Dawson und die meisten Unternehmer hatten Skalen erhältlich.

Gegenüber: Ein Zeltgeschäft, spezialisiert auf frische Limonade. Geschäfte, wie diese, könnten ihre Besitzer ein kleines Vermögen verdienen. Waffeln waren besonders beliebt in Dawson und vielen Restaurants und Straßenhändler dienten ihnen. Viele Frauen bekamen sehr erfolgreich durch diese Art von Unternehmungen.

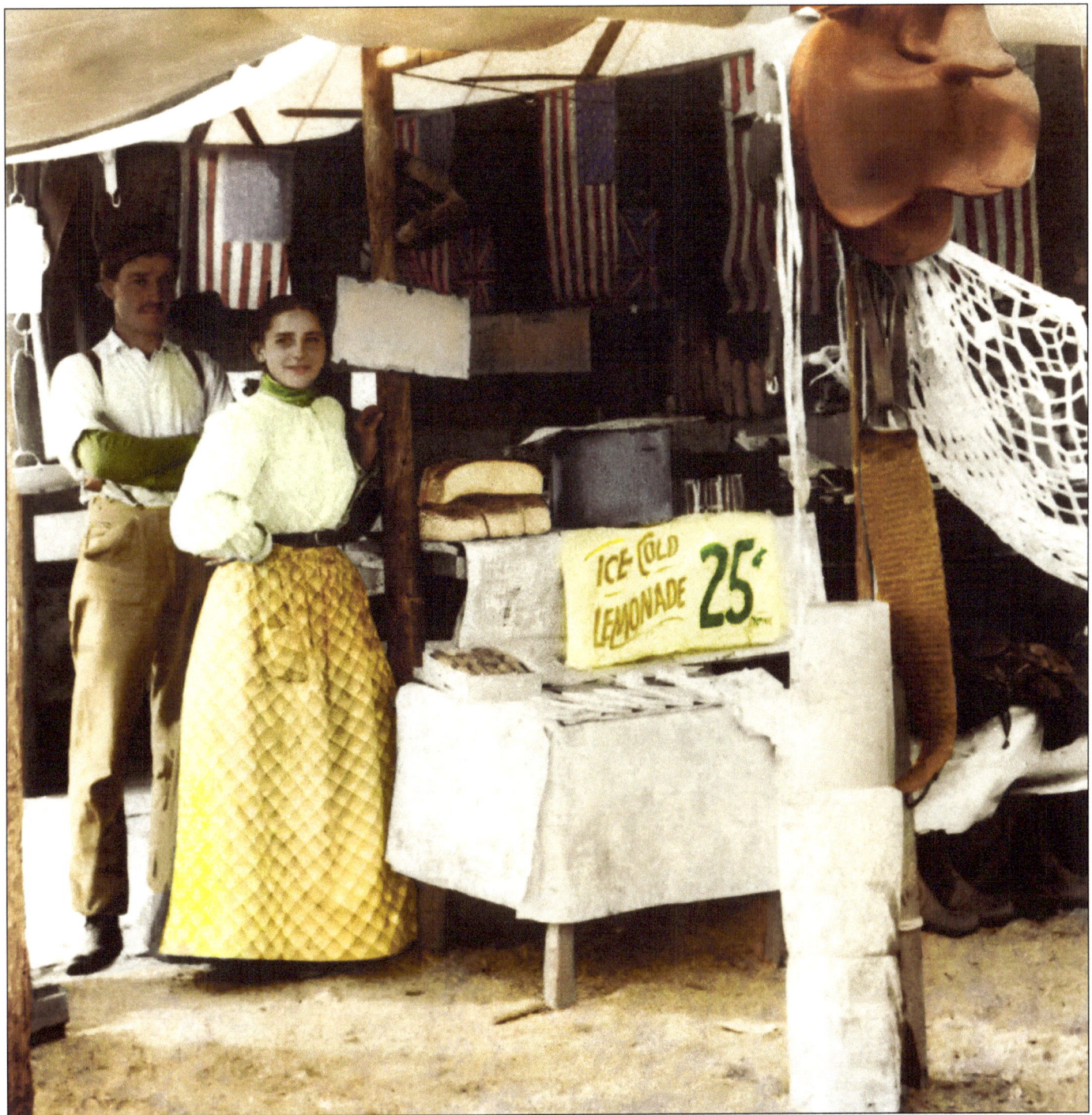

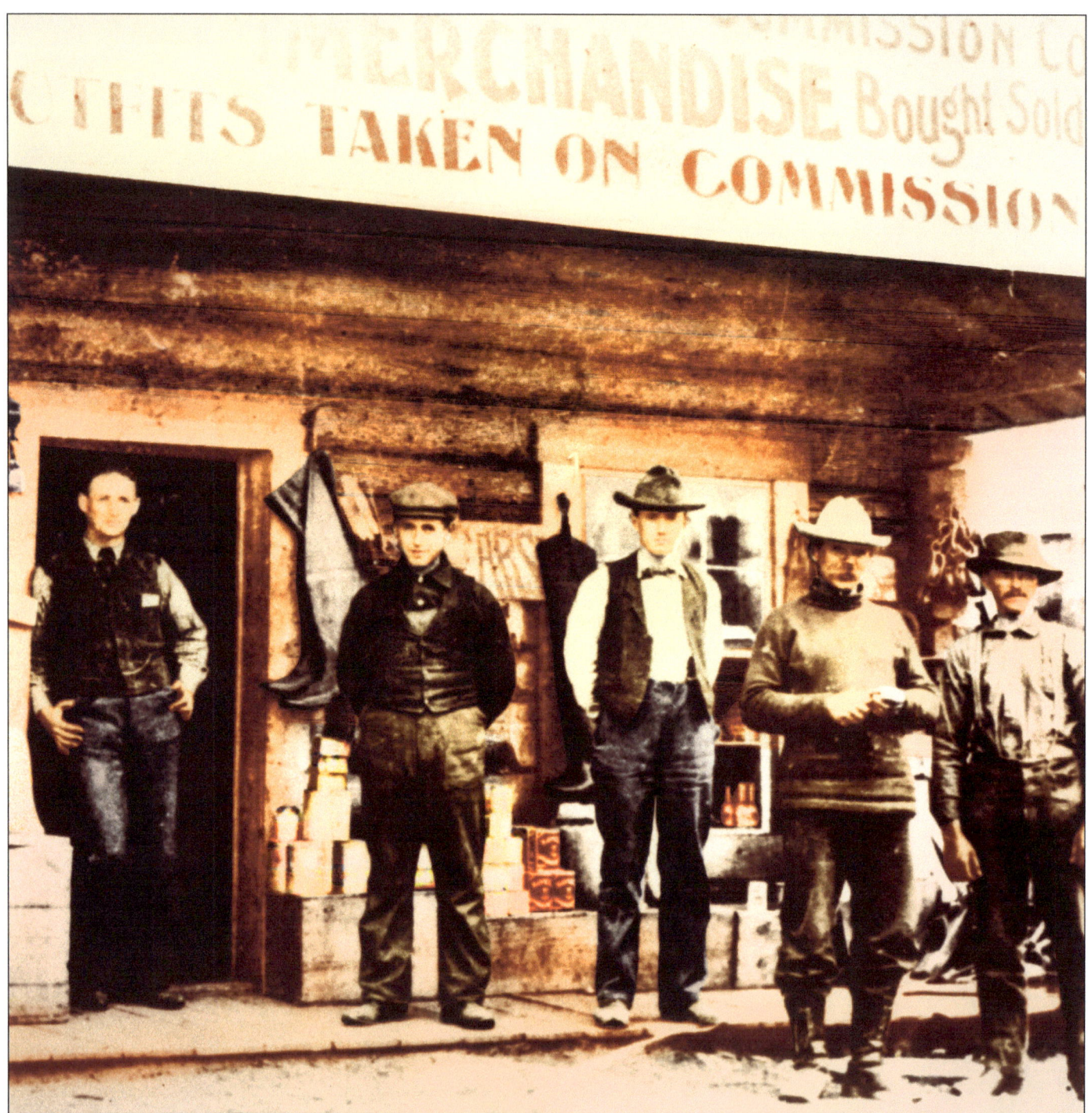

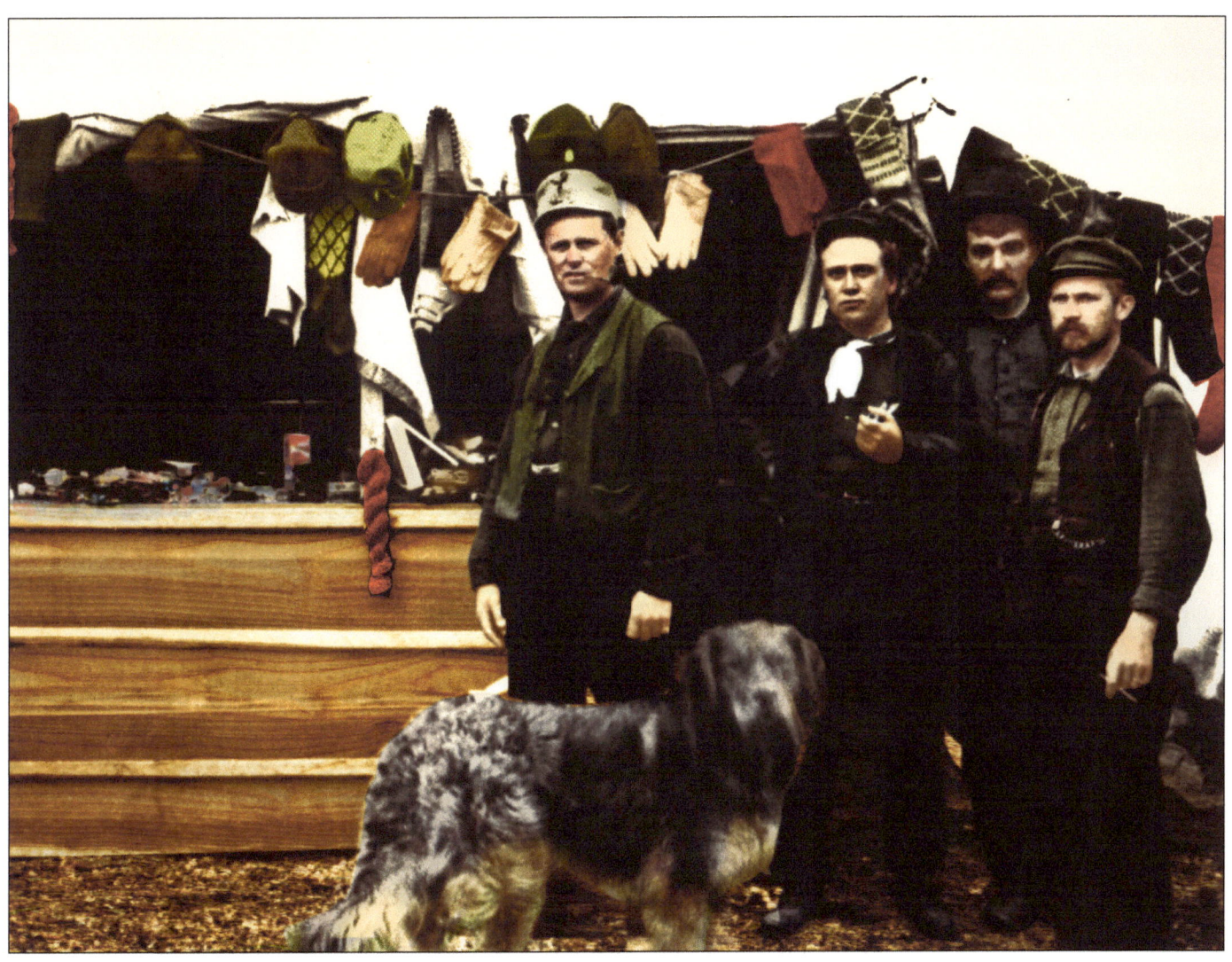

Oben: Viele Geschäfte wurden in Zelten vor allem auf Bowery-Straße untergebracht. Sie haben oft Getriebe von Glücksrittern, die nach Hause zurückkehrten verkaufen. Obwohl einige findige Kaufleute brachten einzigartige Produkte nach Dawson.

Gegenüber: Außenansicht des Gemischtwarenladens, der auch die Ausrüstung für Glücksrittern verkaufen, die so entschieden, nach Hause zurückzukehren.

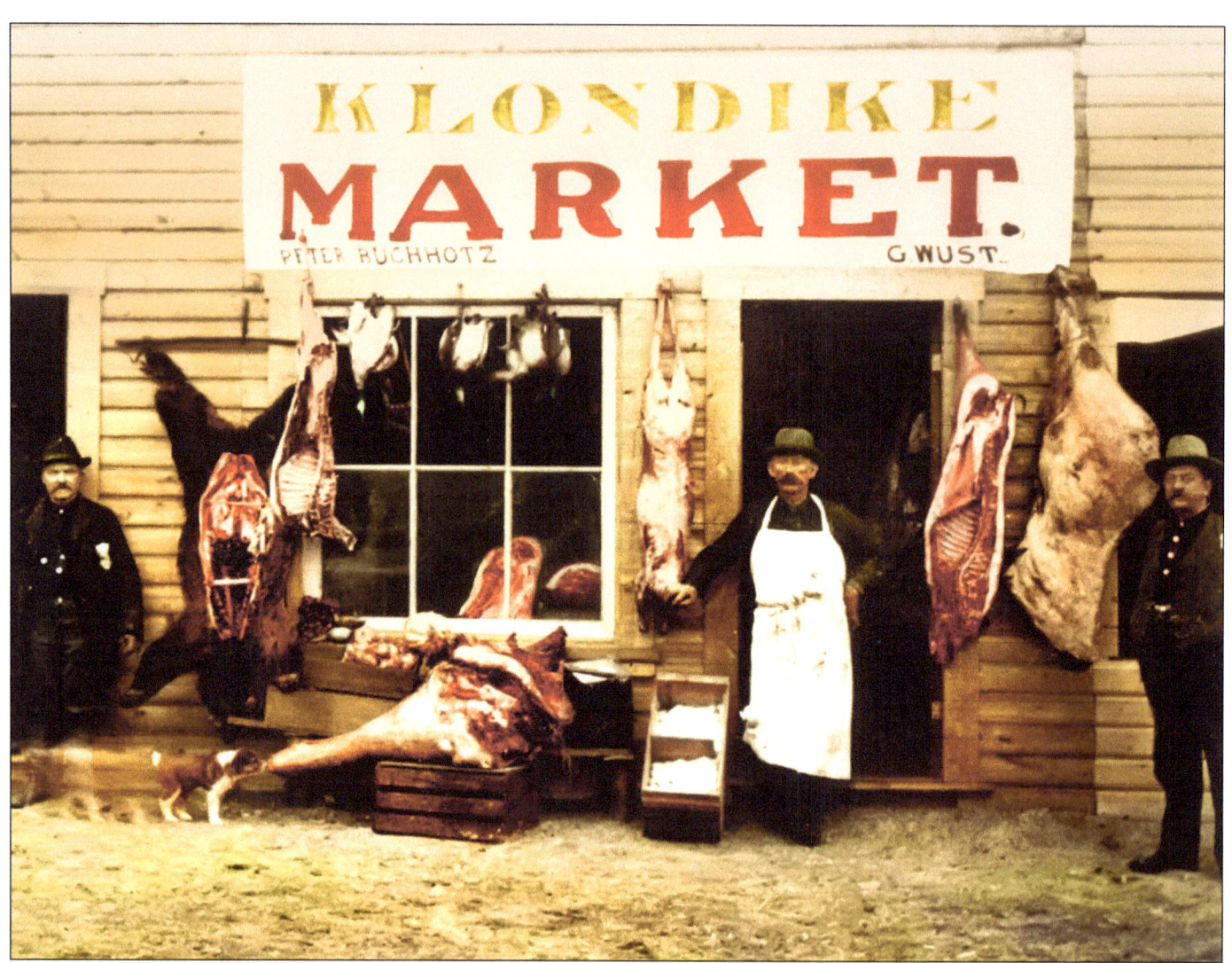

Oben: Ein Markt verkäuft Wildfleisch, die vor dem Geschäft aufgehängt ist. Ein abgeschlachter Bär ist prominent auf der linken Seite. Lokale Wildtierpopulationen wurden während des Goldrausches gemindert.

Gegenüber: Außenansicht des beliebten Pacific Hotel. Ein St. Bernard Hund schläft auf der Straße. Die meisten Hotels haben die Glücksspiele Poker, Faro und Roulette geboten. Viele Salons blieben offen rund um die Uhr, aber die Polizei vergewisserten, dass sie am Sonntag geschlossen. Das Getränk war Whisky.

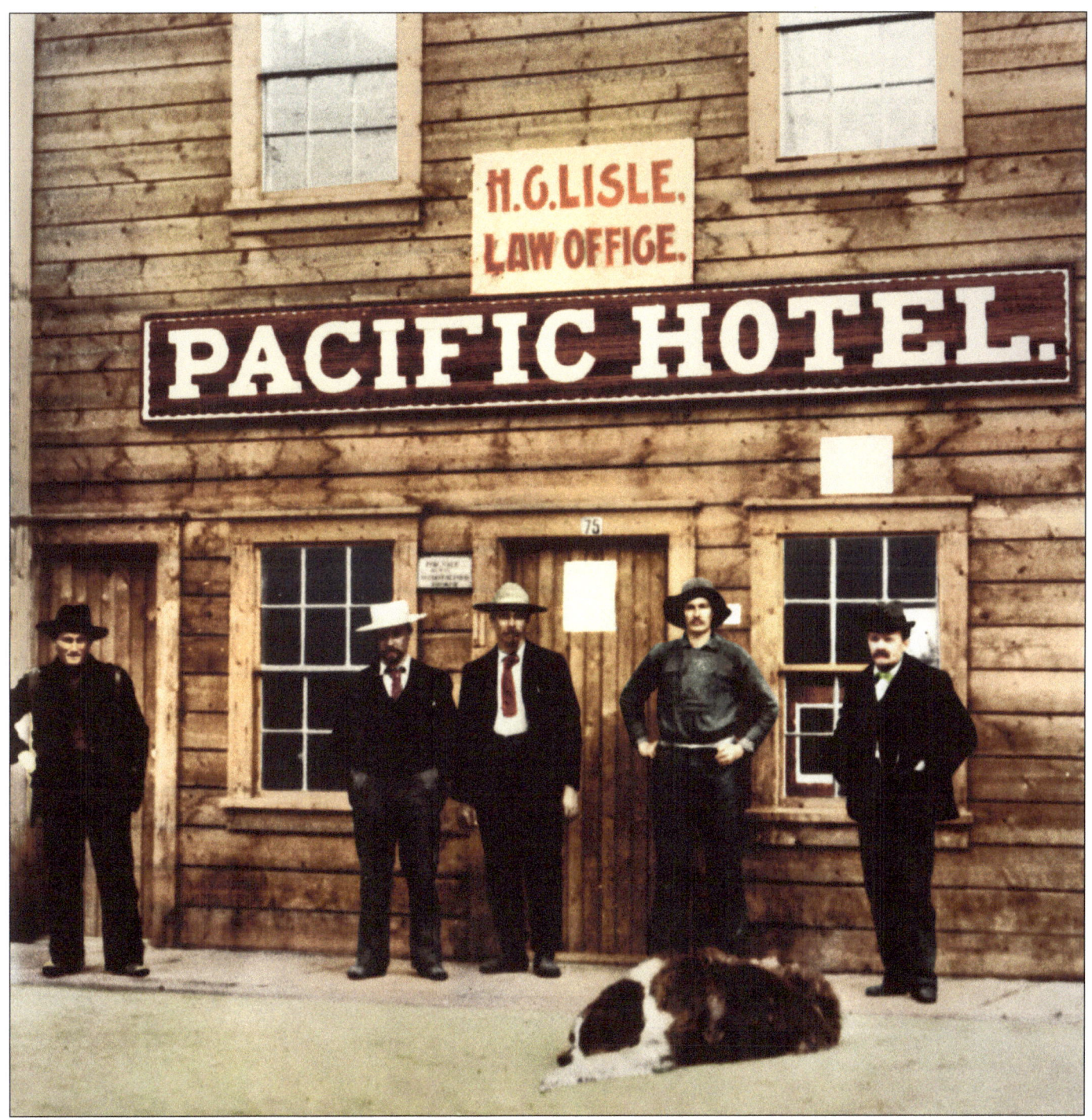

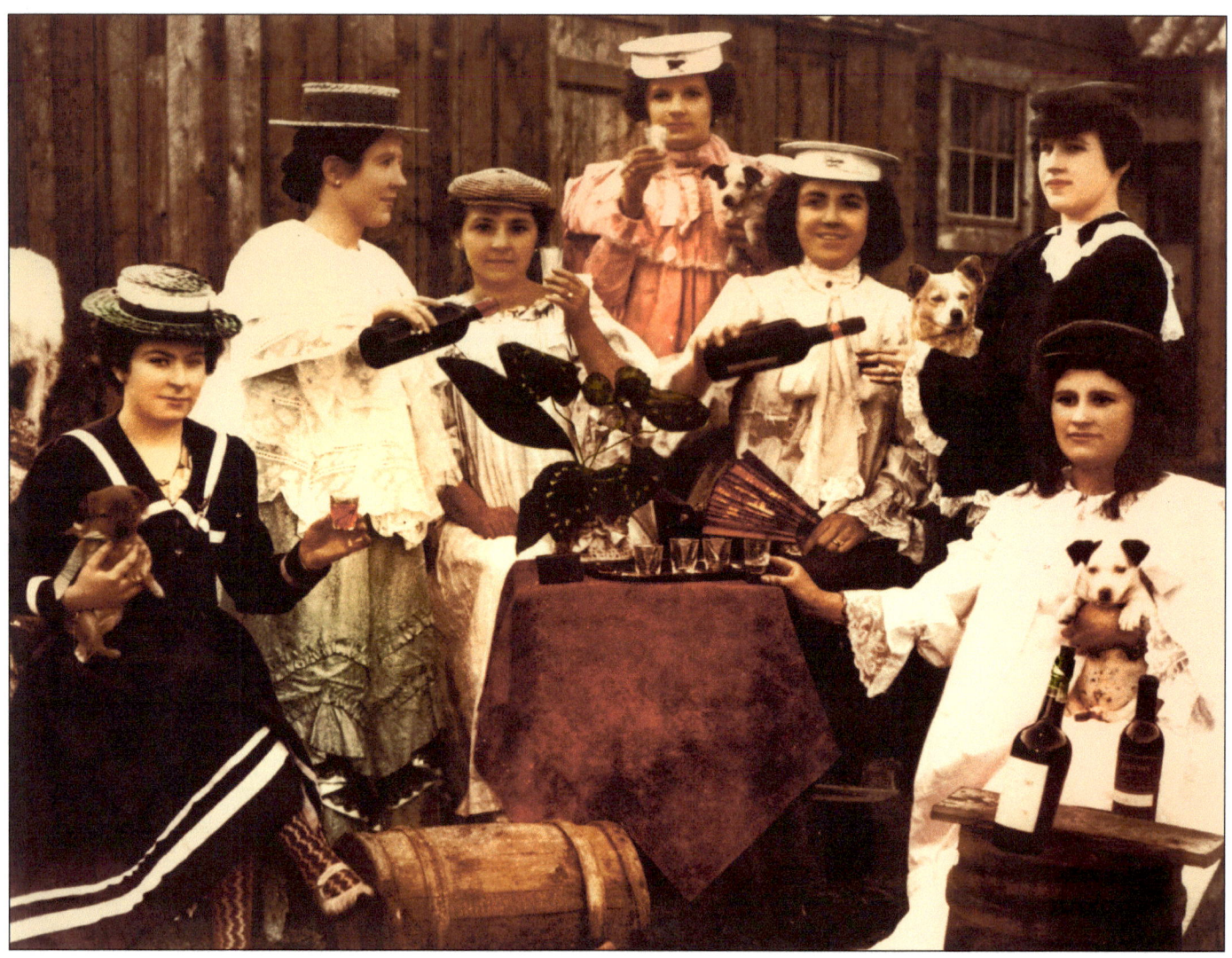

Oben: Prostituierte, mit Welpen im Hand, versammelten sich für eine „trinken Biene" in der White Chapel Stadtteil Dawson. Wie die meisten Bergbaustädte, hatte Dawson ein Rotlichtviertel.

Gegenüber: Kabinen und Caches wurden in der schlimmsten Feuer in der Geschichte von Dawson am 26. April 1899 verschlungen. Leider war der örtlichen Feuerwehr zur Zeit der Feuer im Streik, wenn ein Salon hat in Brand geraten. Insgesamt wurden 117 Gebäude verloren, darunter die meisten bedeutende Sehenswürdigkeiten von Dawson.

Brände waren häufig in Dawson, weil die Stadt mit Holz beheizt und gebaut und mit Kerzen und Laternen beleuchtet wurde. Das Löschwasser vom Einfrieren fernzuhalten, war eine große Herausforderung. Es war eine gewöhnliche Strategie, Gebäuden im nassen Decken zu drapieren, um die Ausbreitung von Feuer zu verhindern. Diese Praxis hatte nur begrenzte Erfolg.

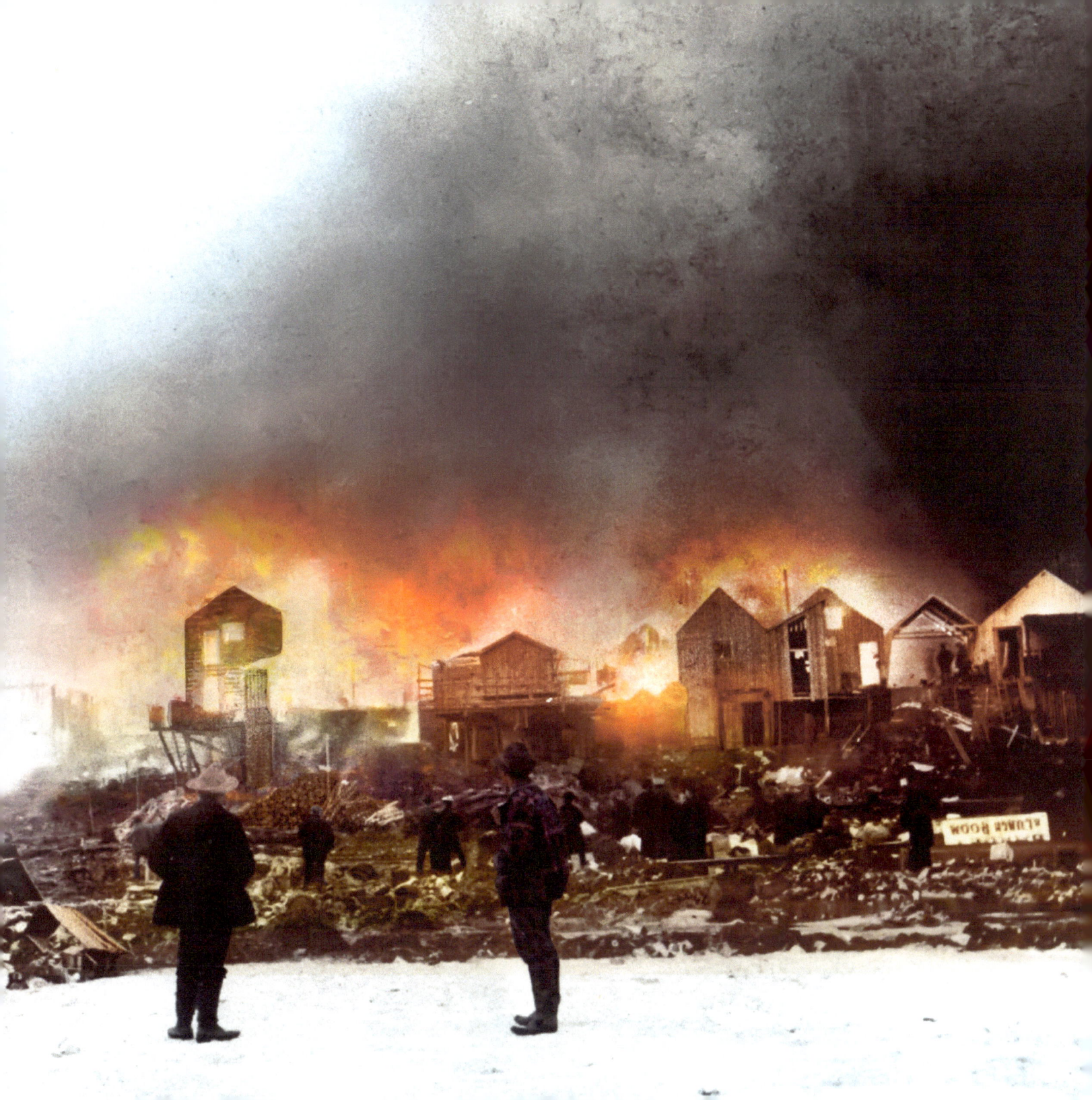

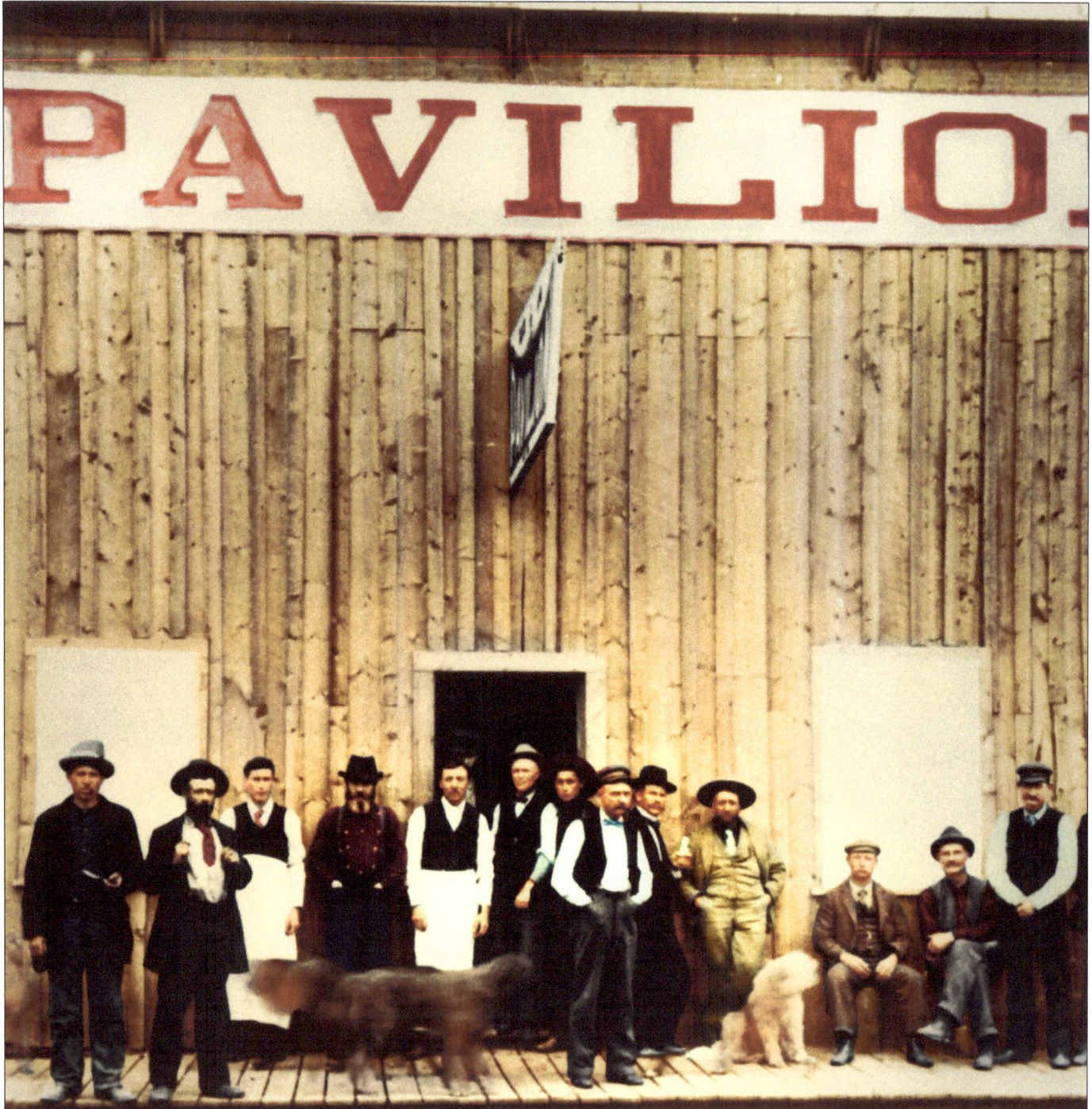

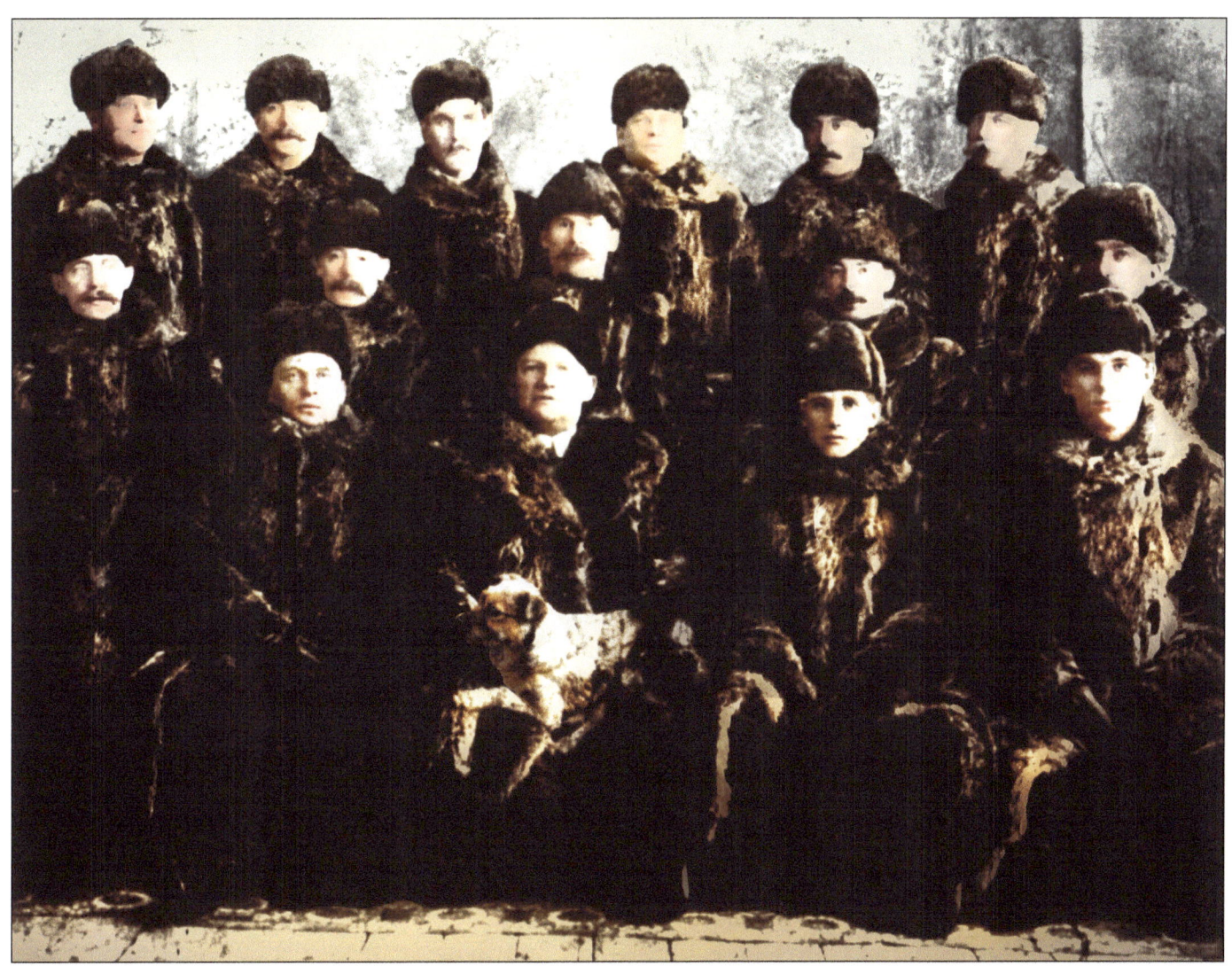

Oben: Fünfzehn Mitglieder der North West Mounted Polizei in Hüten und in voller Länge Pelzmäntel innerhalb der Stadt Polizeistation. In 1898 gab es fast dreihundert Polizisten in Dawson unter der Kontrolle des legendären Sam Steele.

Die North West Mounted Polizei erhalten eine enge Zügel in der Stadt. Sie haben gerne Menschen verurteilt oder im Falle von mehr schwereren Straftaten, haben sie die Person aus dem Klondike Tal der vertrieben. Prostituierte könnten ihren Handel offen verfolgen, und Spielhallen hatten die Freiheit über alles, was auf dem Kontinent vorkommen konnte. Auf der anderen Seite wurden bestimmte Gesetze mit großem Eifer durchgesetzt. Beispielsweise, Gewehren zu tragen war verboten und war vielleicht der Grund, warum nicht einen einzigen Mord in Dawson im ersten Sommer der Eile passierte.

Gegenüber: Der elegante Pavillon auf King Street.

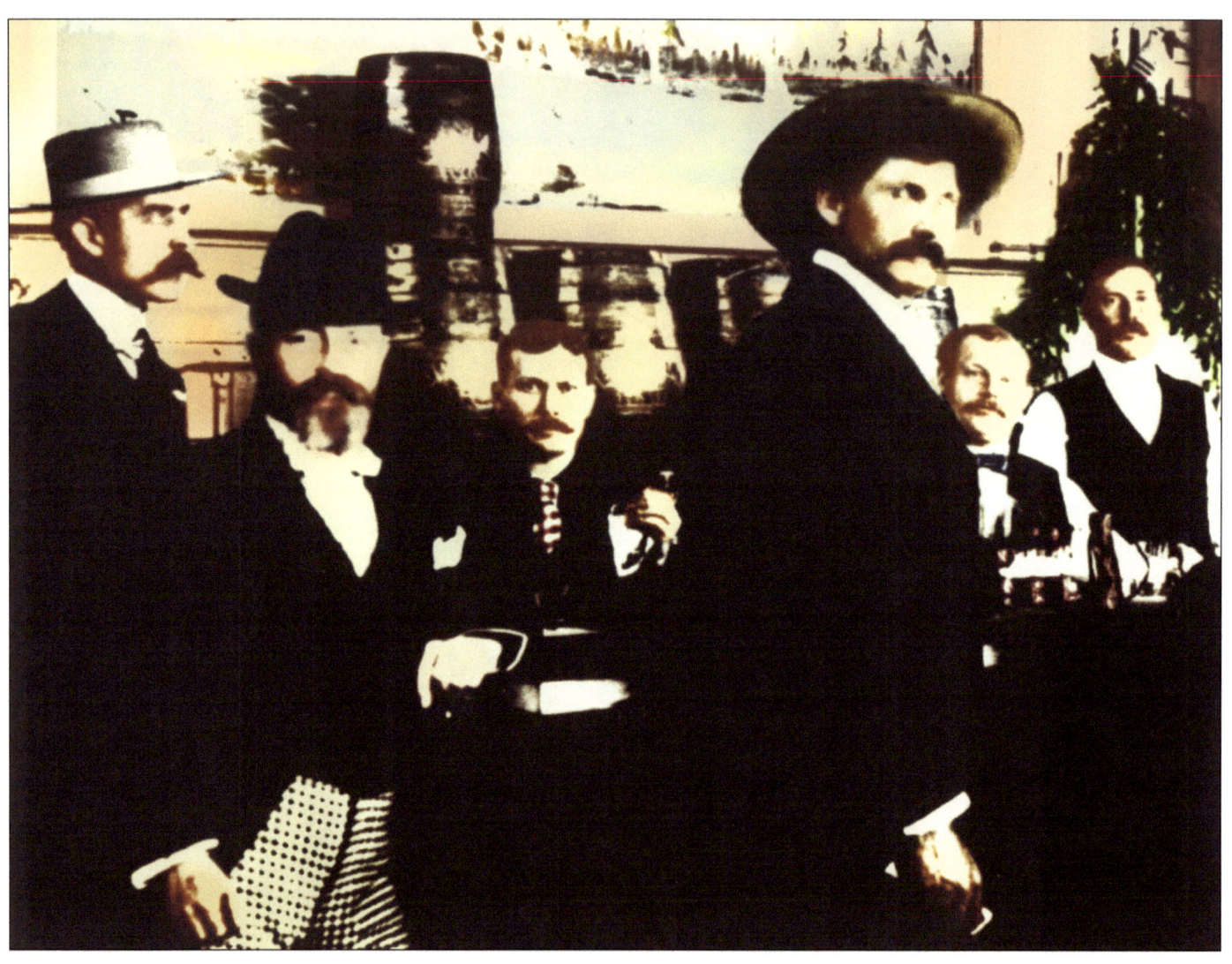

Oben: Wiedereröffnung des Palace Grand Theaters, das durch einen Brand zerstört und am 7. Juli 1899 wieder eröffnet wurde. Der Mann mit dem breitkrempigen Hut und breitgebeugten Schnurrbart ist "Arizona" Charlie Meadows. Er war ein Show-Legende und Schnellfeuer und baute das Palace Grand als Gegenmittel zu den Strapazen der Strecke. Holz für das ursprüngliche Gebäude wurde aus zwei Schaufelraddampfer geborgen.

Gegenüber: Das Palace Grand Theater in der Feier von St. Andrew "s Nacht in Dawson. Es war gewöhnlich für Kunden, wie Malamute zu heulen, wenn sie mit der Lelistung zufrieden waren.

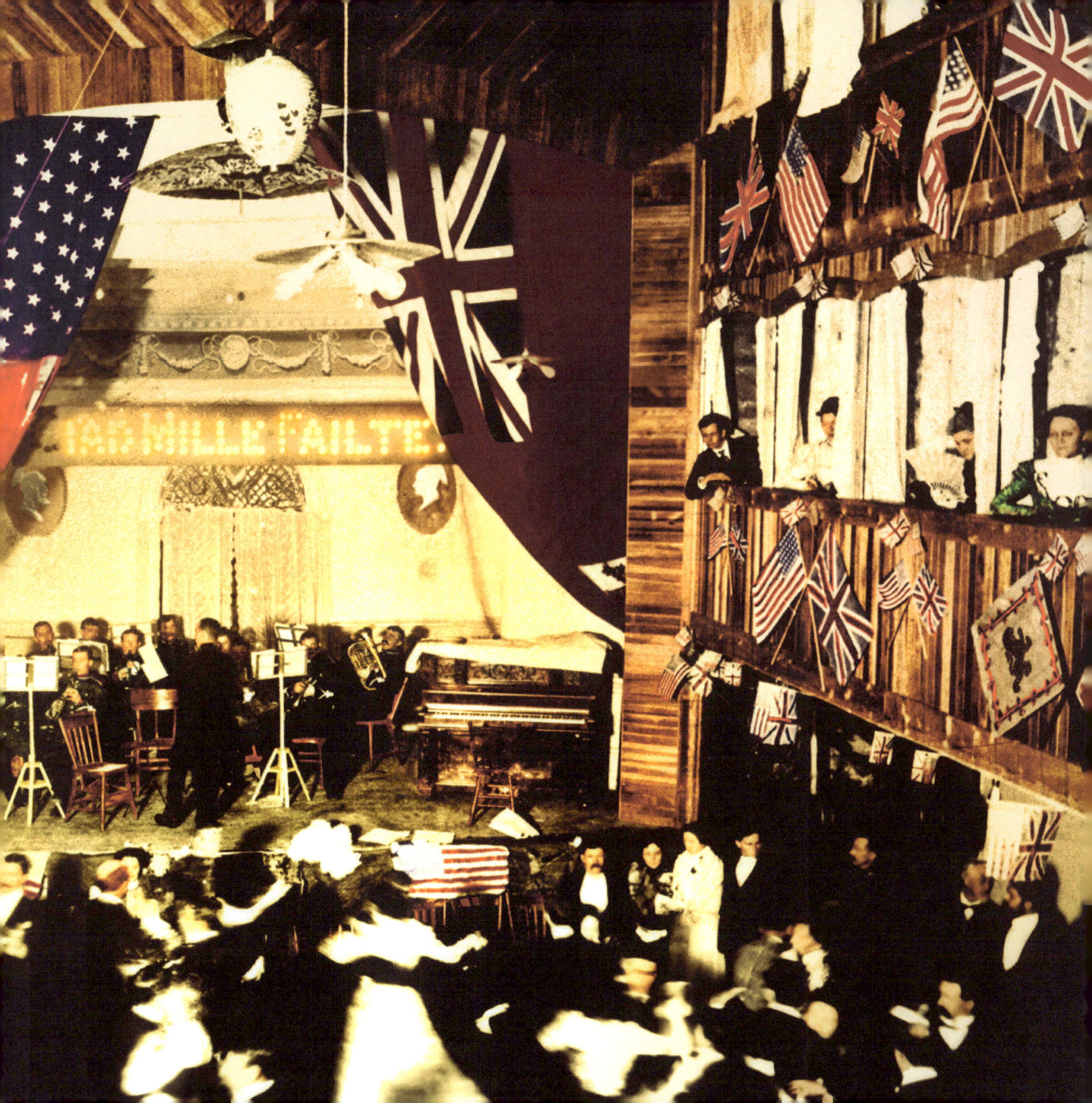

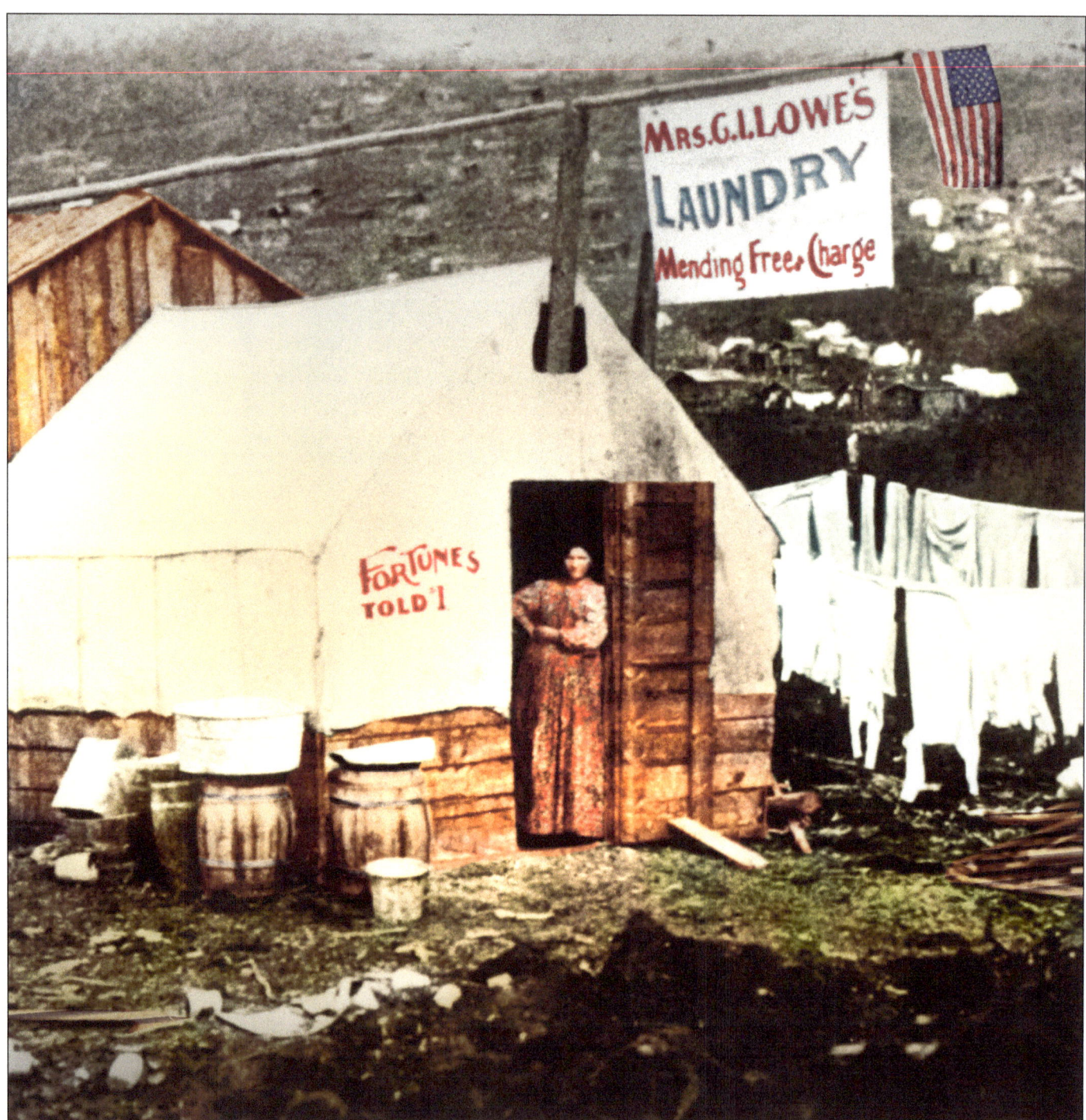

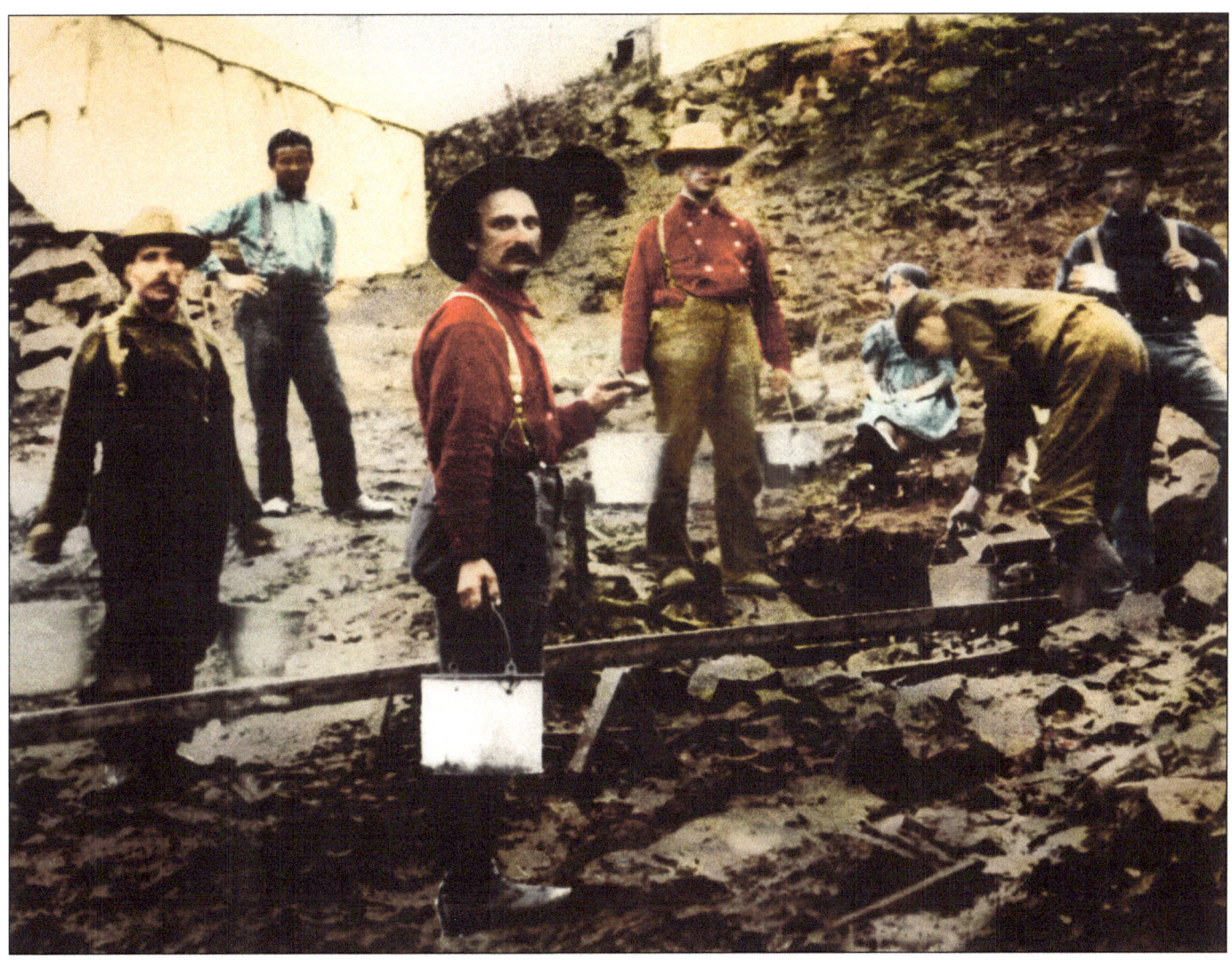

Oben: In der Klondike, waren einfache Aufgaben, wie das Eindringen von Wasser zeitaufwendig. Der sedimentierte Yukon Fluss war für die Bäche und Flüsse der Region vermieden. Allerdings bekamen schließlich diese Wasserquellen verschmutzt und machten viele Menschen krank. Brennholz zu erhalten erfoderte noch mehr.

Gegenüber: Frau G.I Lowe's Wäscherei auf Bonanza Creek. Sie machte auch freie Flickwäsche und sagte Geschicke. Während weniger als zehn Prozent der Glücksritter Frauen waren, gab es viele erfolgreiche Unternehmer, die wertvolle Dienste boten.

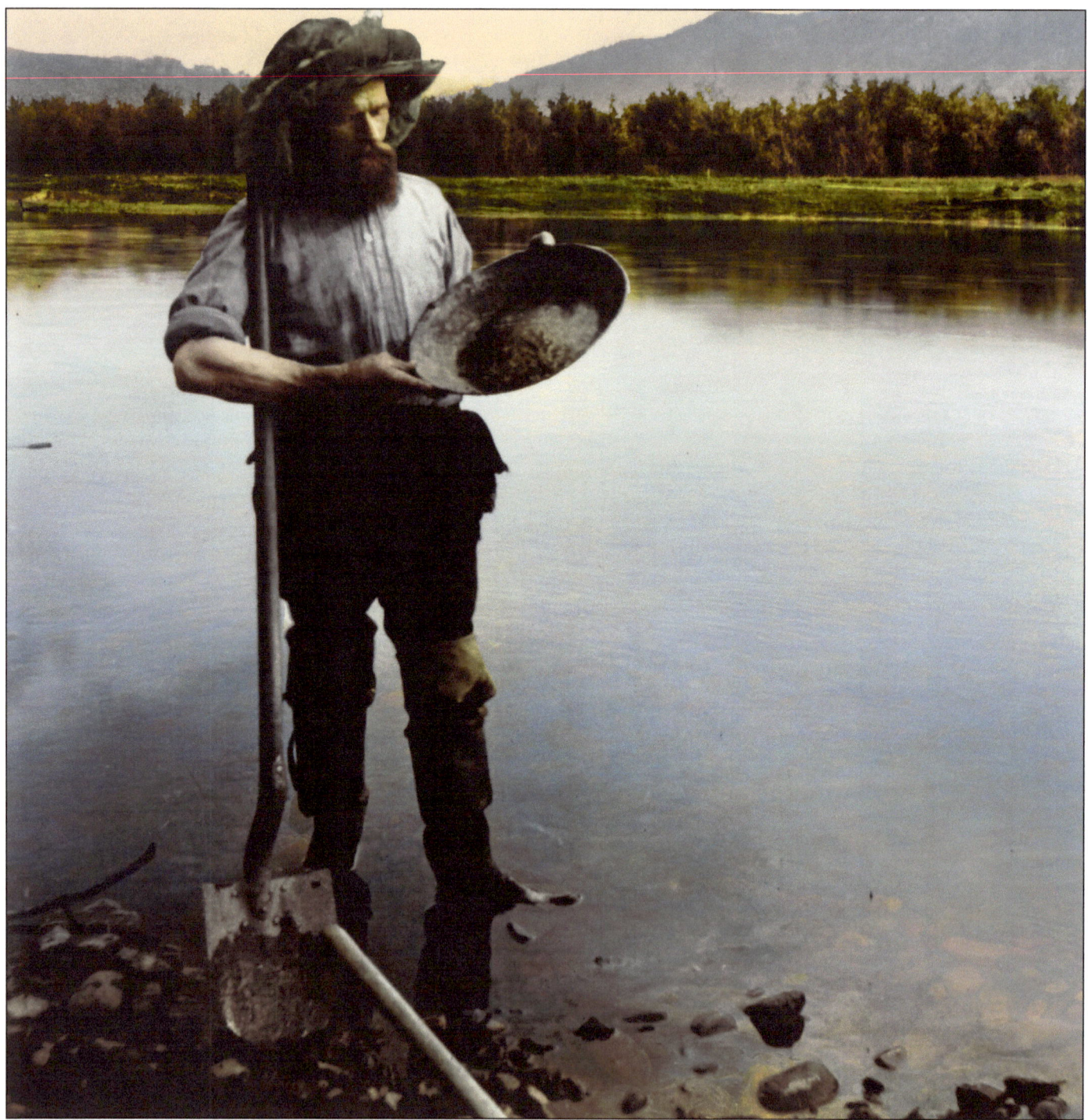

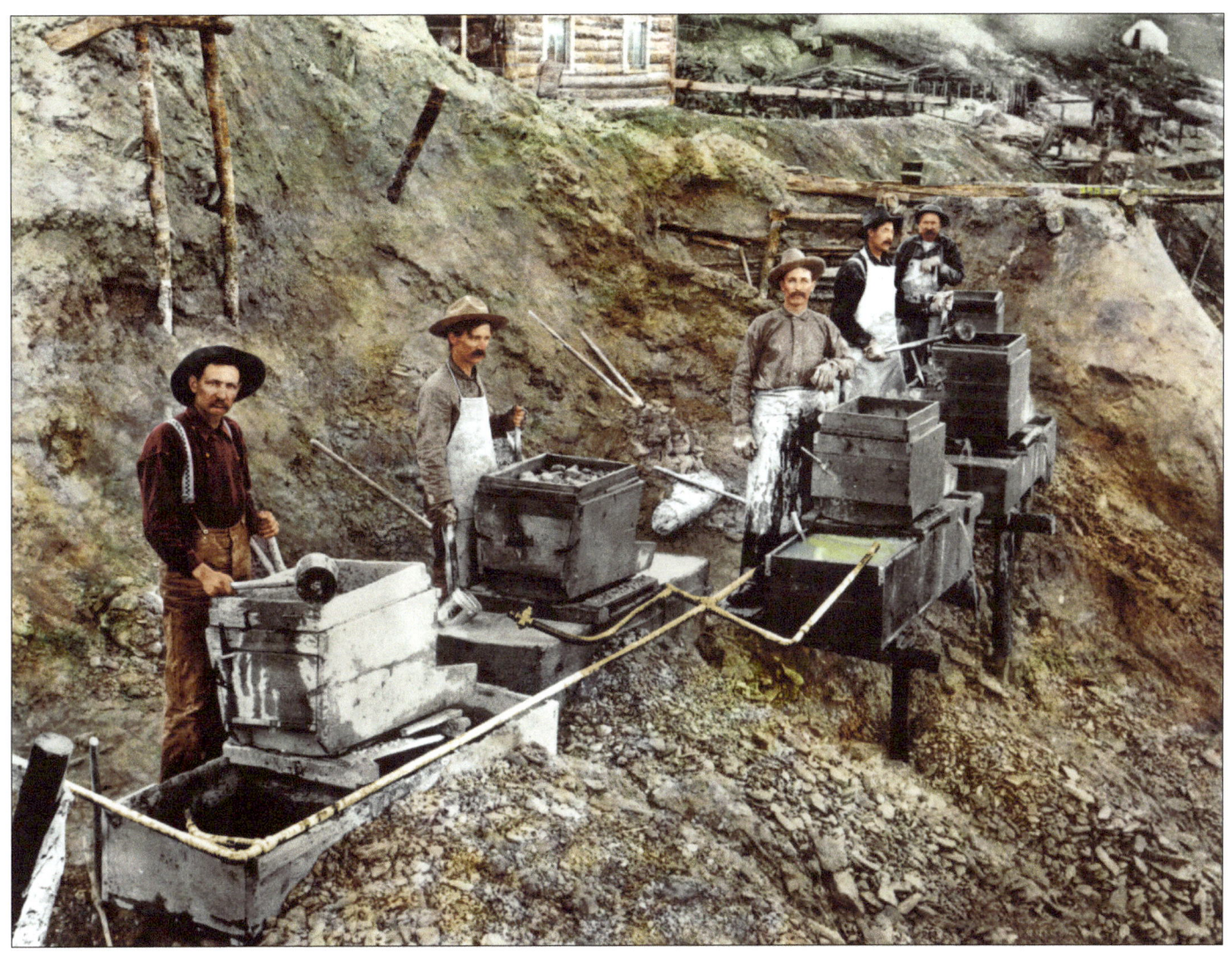

Oben: Bergleute arbeiteten fieberhaft mit Schaufeln und Schubkarren. Rockerbxen hatten einen unersättlichen Appetit auf Kies.

Gegenüber: Die Bäche der Region Klondike wurden als aufwendig überreichlich beschrieben. Geschichten außerhalb der Yukon Goldfelder waren so reich, dass man einfach nur bücken und die Nuggets abschleppen musste. Und während dies galt für einige der reichsten Mutungen beim Beginn des Goldrausches, mussten die meisten Menschen hart arbeiten, um ihre Gold zu bekommen.

Der einsame Sucher rauscht Gold in der Pfanne. Dies wurde so als der Weg des Goldrausches im Süden beschrieben. Anfangs war Goldwäscherei die vorherrschenden Mittel, um Gold aus dem Sand der verschiedenen Bächen des Klondike-Tal zu gewinnen. Mit der Zeit wurden Rockerboxen gebaut, um den Kies effizienter zu sichten. Die einzige Einschränkung ist die Fähigkeit, genügend Kies zugreifen, da meistens der Boden fest gefroren ist.

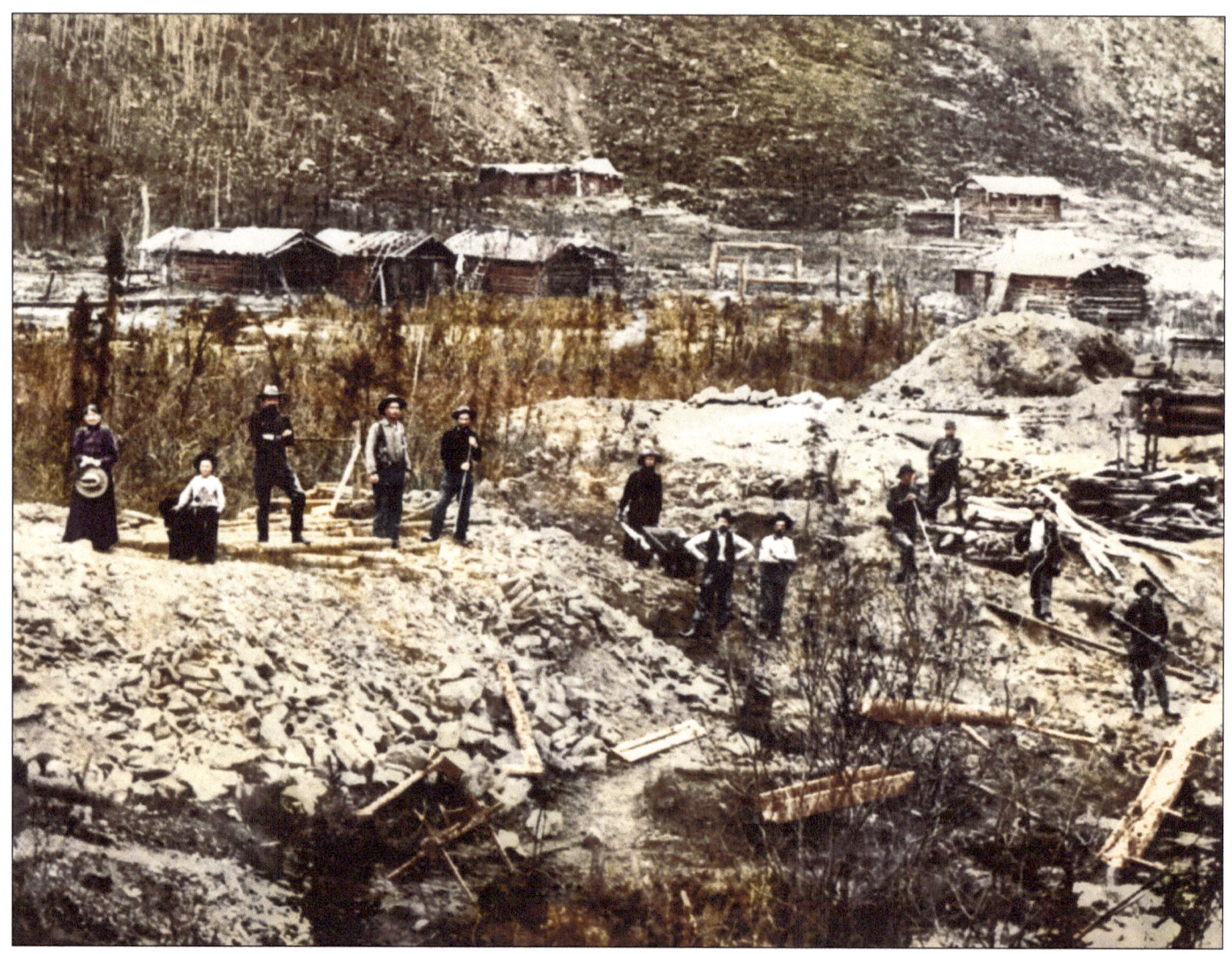

Oben: Bonanza Creek war eine der reichsten Bächer. Über Nacht wurde die Talsohlen von der Raserei der Bergbautätigkeit umgewandelt.

Gegenüber: Das Wasser war wesentlich für die Trennung das Gold von dem Kies. Bäche wurden umgeleitet oder in die Gruben gepumpt.

Tagelöhner könnte so viel wie $ 15 pro Tag verdienen, und viele haben Prämien und andere Anreize erhalten, um so schnell wie möglich zu arbeiten. Tagelöhner würde nie reich werden, aber sie arbeiteten oft sehr gut auf diesen Mutungen.

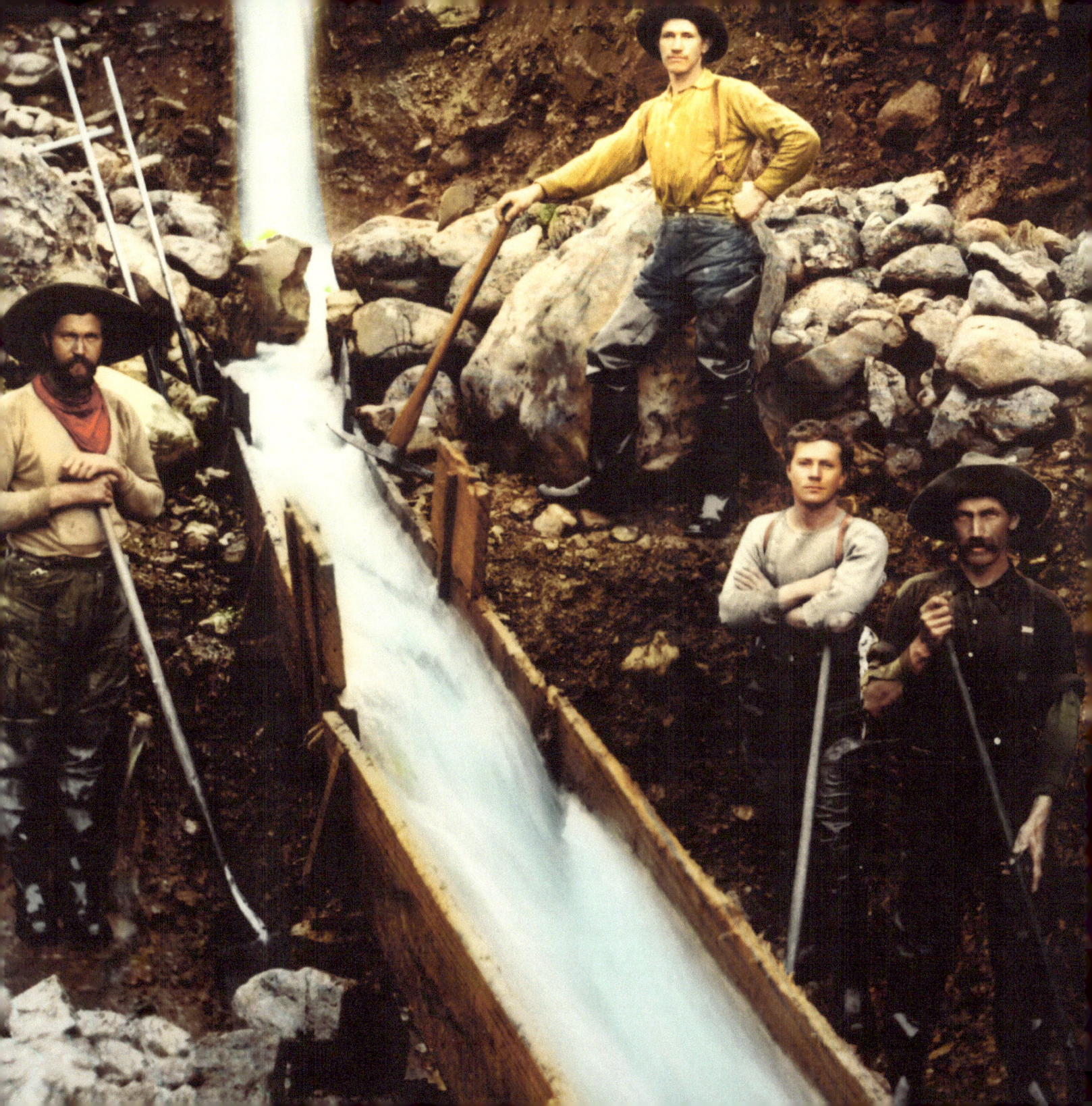

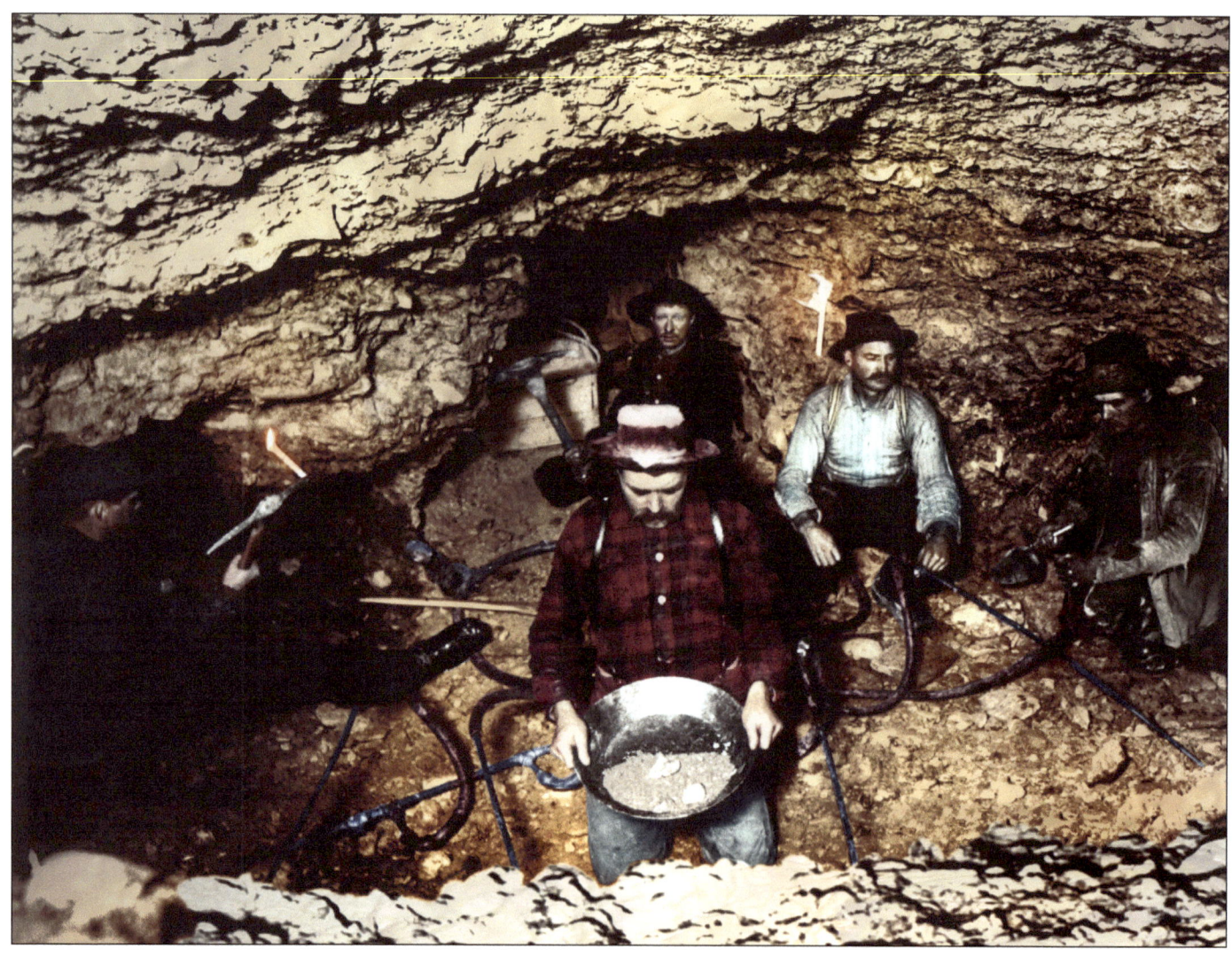

Oben: Bergleute arbeiten mit Spitzhacken; Dampf-Auftau-Schläuche sind sichtbar, ebenso wie die Eimer, um den Kies an der Oberfläche schleppen zu können. Ein Bergmann zeigt eine Pfanne von abbauwürdiges Erzlager an.

Gegenüber: Viele suchten nach Gold, indem sie in den Untergrund gingen. Klaustrophobischen Tunneln durchkreuzten einander als Glücksritter nach einer "Geldspur" suchten. Aber das schwer fassbare „Gold Jackpot" wurde nie gefunden.

Der Tunnelbau im Norden ist wegen der Permafrost, einer Schicht aus Erde, die über das ganze Jahr gefroren bleibt, schwierig. Das Auftauen dieser Schicht wurde durch Einstellen große unterirdische Holzfeuer gemacht und wurde dann Eimer um Eimer aus der Mine gewinscht. Einmal über der Schicht aus Permafrost, verwendeten Bergleute Spitzhacke, Schaufel und bloßen Händen zum Graben. Kerzen flackerten in den feuchten, engen Durchgängen. Die meisten Minen waren mehr als dreißig Meter tief, und ein paar ging tiefer als hundert Meter.

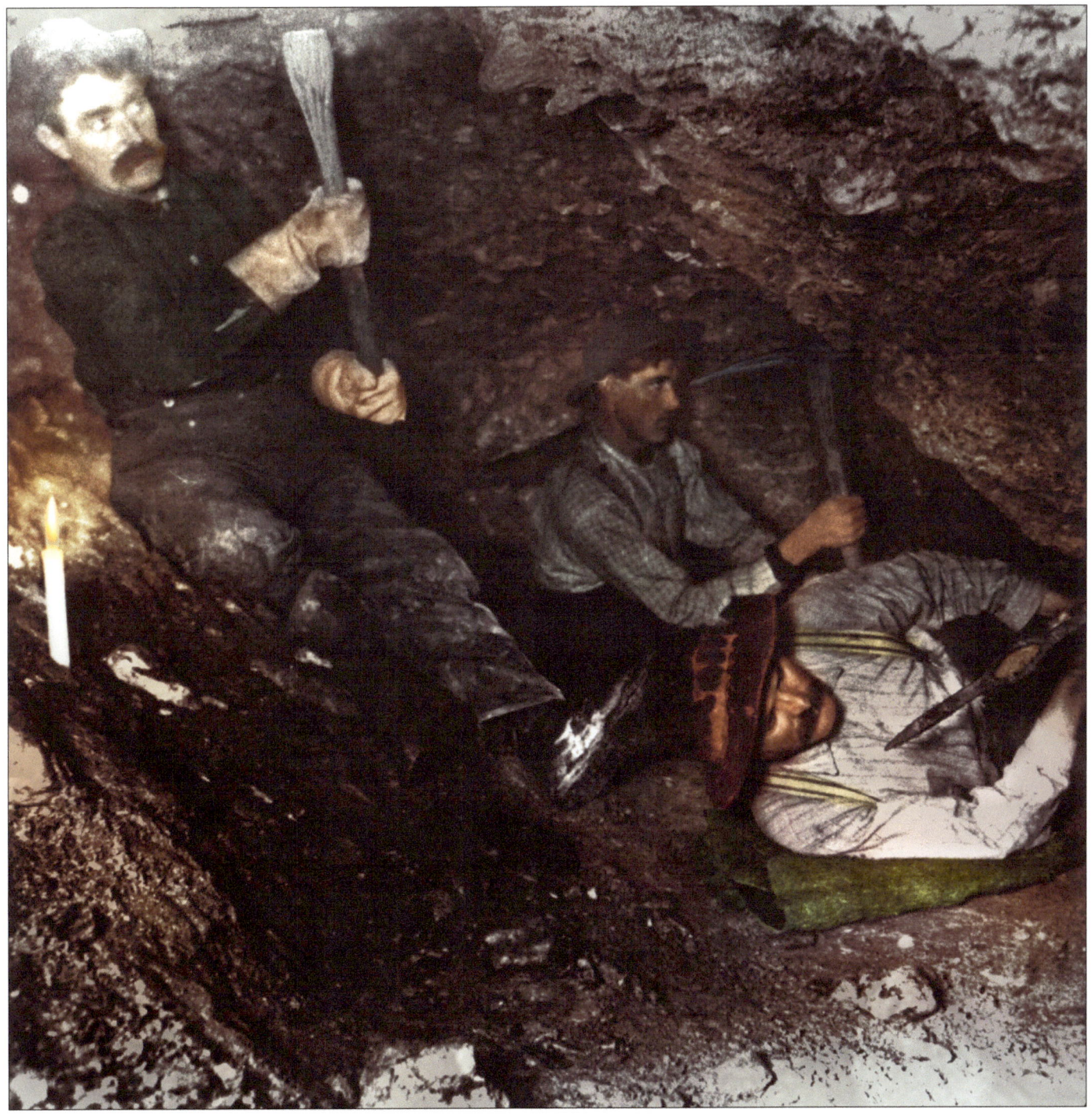

61

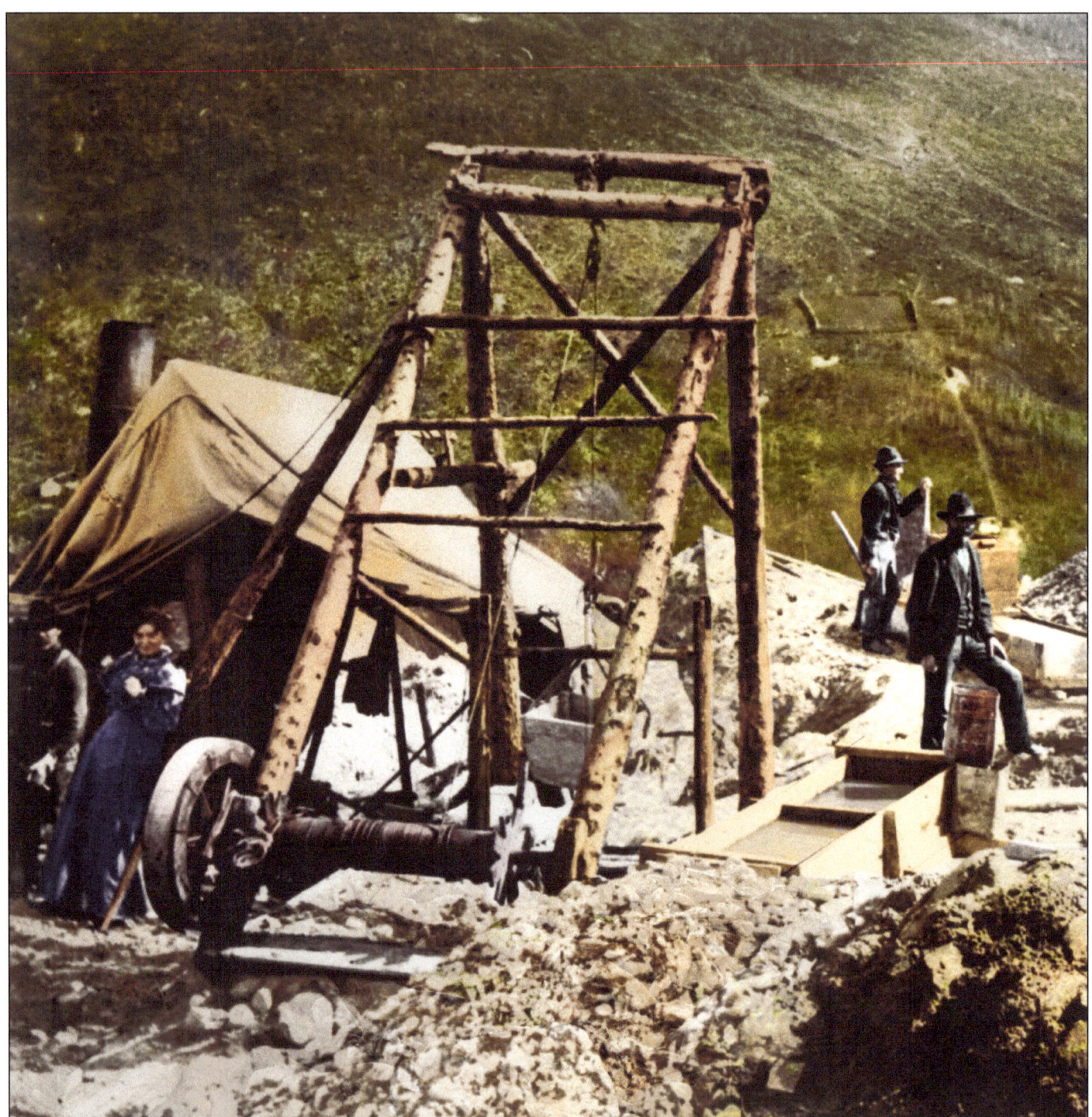

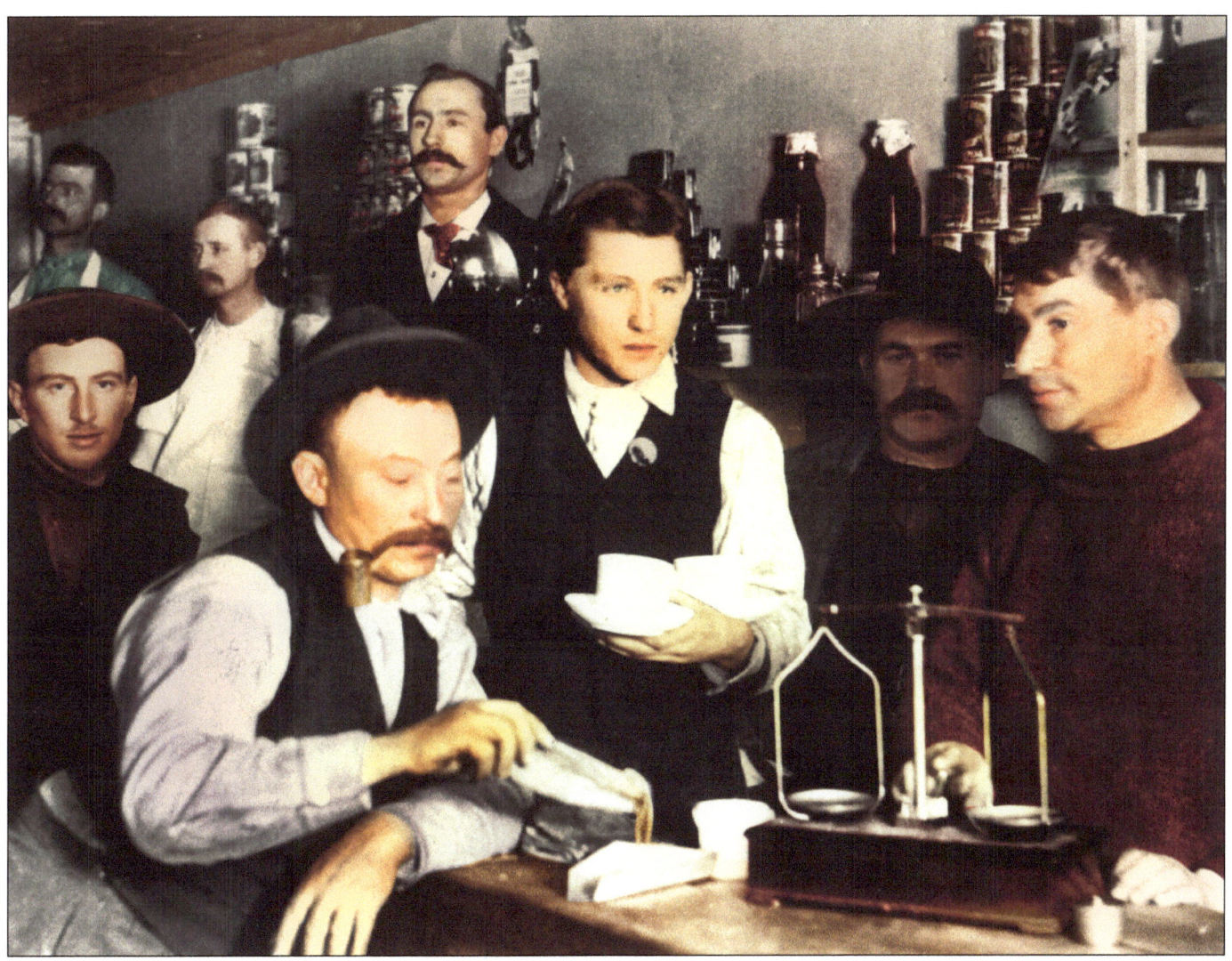

Oben: Innenansicht eines Geschäfts mit einem Mann, der Goldstaub aus einem Beutel gießt, um dies auf die Theke gewichtet zu werden. Der reine Goldstaub wurde für $ 16 pro Unze gekauft.

Gegenüber: Bergleute arbeiten auf einer Strosse auf Gold Hill. Diese Stellen wurden hastig gebaut und sie waren gefährlich für die Arbeitnehmer.

Seite 64: Im August 1899 wurde Gold an den Stränden von Nome, Alaska entdeckt, und 8.000 Menschen verließen Dawson in einer Woche. Bald wurde Dawson relativ menschenleer. Gold war immer noch abgebaut, aber die große Unternehmen begann Ansprüche aus den kleinen, unabhängigen Bergleute zu kaufen. Die Rockerboxen und Schleusen wurden von riesigen Bagger ersetzt. Die Bagger waren weniger arbeitsintensiv und diejenigen, die damit arbeiteten, waren Mitarbeiter, nicht Besitzer-Betreiber. Der Klondike-Goldrausch war vorbei.

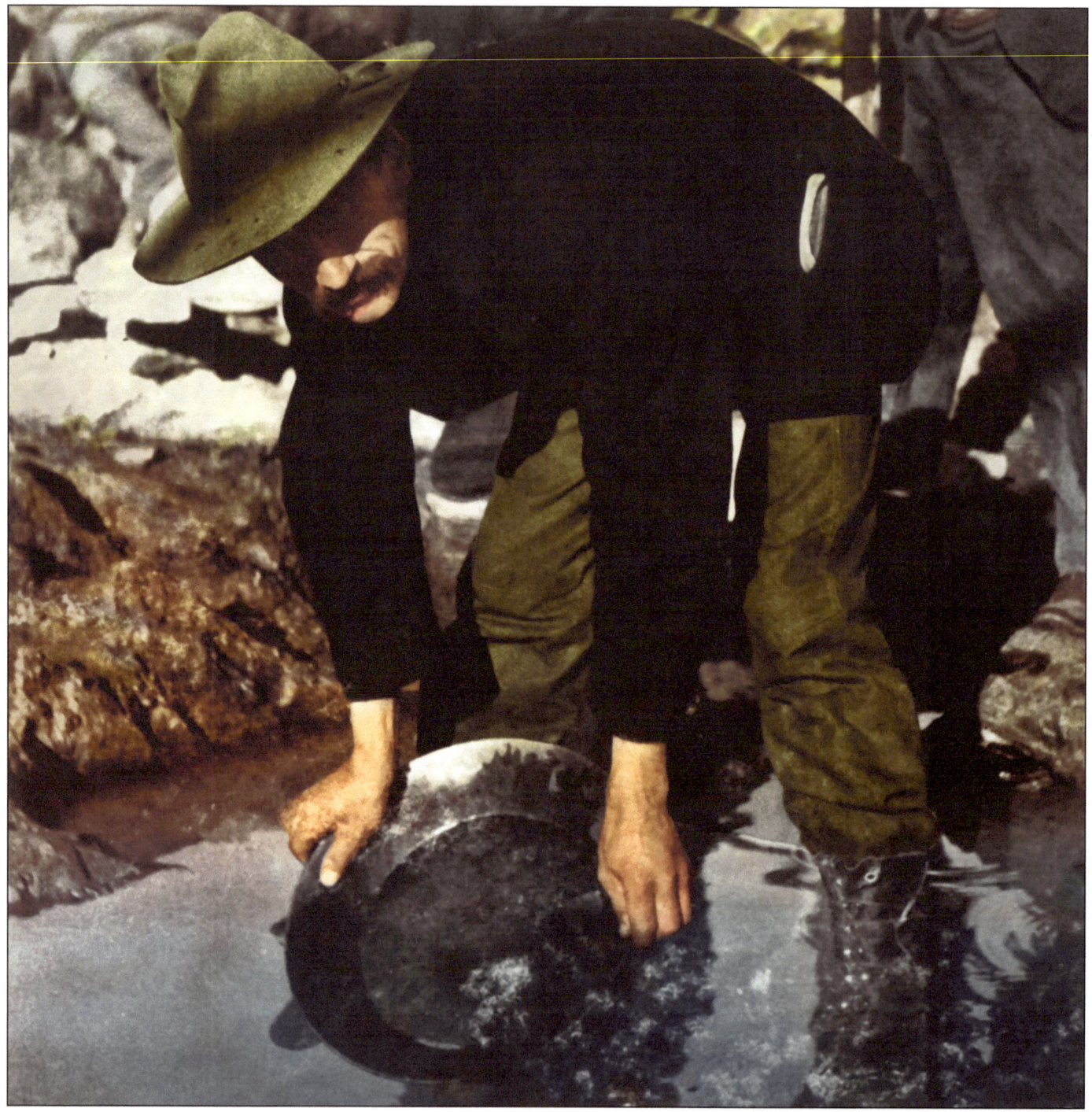

www.ingramcontent.com/pod-product-compliance
Lightning Source LLC
Chambersburg PA
CBHW041932240526
45473CB00034B/917